오타니, 만화 속 야구 영웅

요타니, 만화 속 야구 영웅

초판 1쇄 발행 | 2024년 12월 05일

지은이 | 채빈
펴낸이 | 박영욱
펴낸곳 | 깊은나무

주   소 | 서울시 마포구 월드컵로 14길 62
이메일 | bookocean@naver.com
네이버포스트 | post.naver.com/bookocean
페이스북 | facebook.com/bookocean.book
인스타그램 | instagram.com/bookocean777
유튜브 | 쏠쏠TV · 쏠쏠라이프TV
전   화 | 편집문의: 02-325-9172   영업문의: 02-322-6709
팩   스 | 02-3143-3964

출판신고번호 | 제 2013-000006호

ISBN 979-11-91979-64-0 (73810)

*이 책은 깊은나무가 저작권자와의 계약에 따라 발행한 것이므로 내용의 일부 또는 전부를
 이용하려면 반드시 깊은나무의 서면 동의를 받아야 합니다.
*책값은 뒤표지에 있습니다.
*잘못 만들어진 책은 구입하신 서점에서 교환해 드립니다.

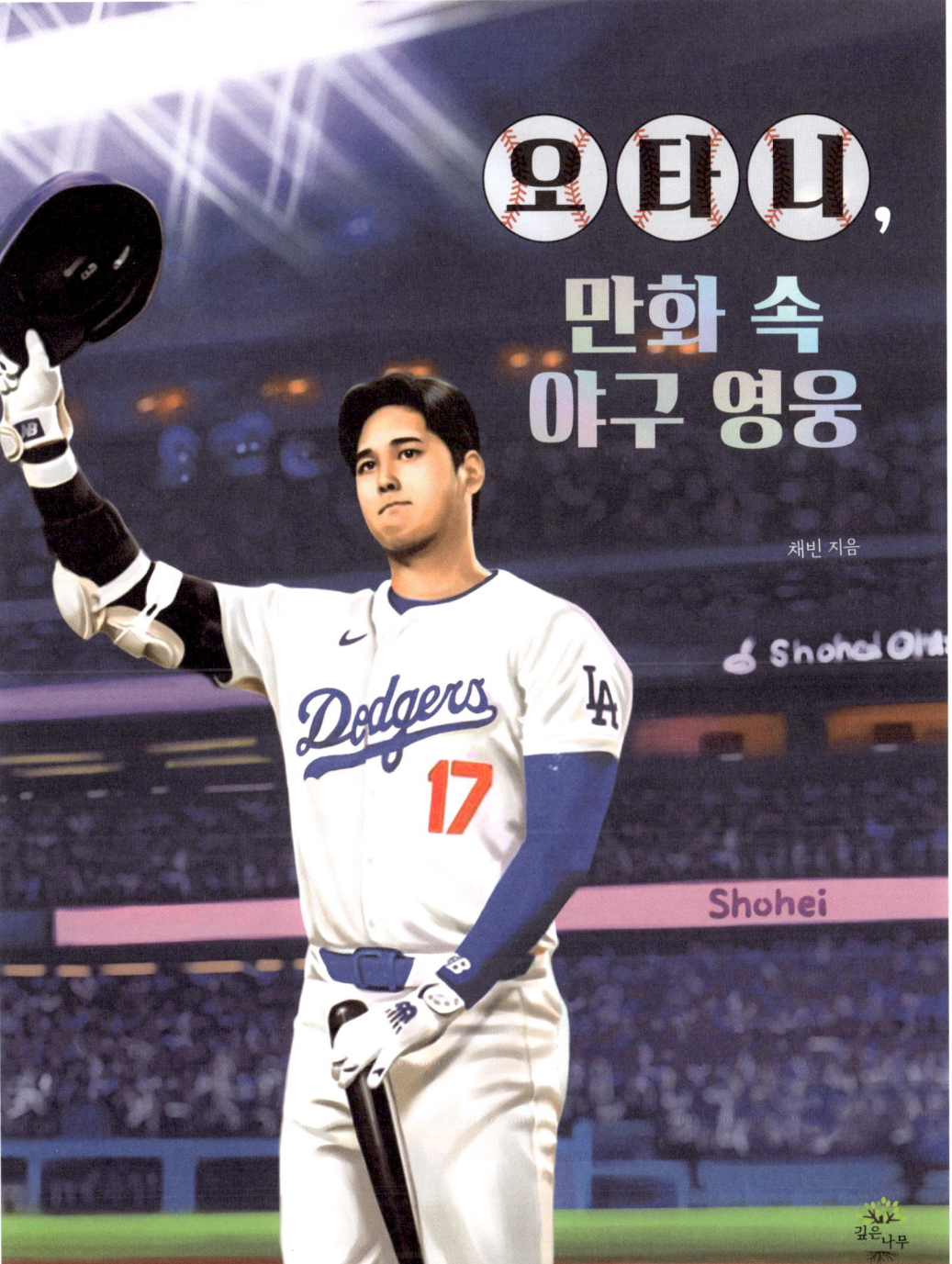

머리말

  오타니 쇼헤이. 그는 지금 세계 야구계를 뒤흔들고 있는 핫한 인물입니다. 야구를 모르는 사람도 방송과 신문에서 매일 보도를 해서 그의 이름을 익숙하게 들어왔을 것입니다. 이 책은 2024년 7억 달러 사나이가 된 야구 천재 오타니의 야구 인생을 다루고 있습니다.

  베이브 루스는 1920~30년대 미국 독감으로 힘든 시기를 보낸 미국인들에게 희망의 아이콘이었습니다. 지금도 미국인들의 사랑을 받고 있는 홈런왕 베이브 루스를 오타니가 소환하고

있습니다. 1920~30년대 투수 다승왕과 홈런왕을 지낸 베이브 루스. 그 뒤 오타니가 등장할 때까지 약 100년 동안이나 어느 누구도 투수와 타자로 최정상의 선수가 된 경우는 없었습니다. 2018년 오타니가 미국 메이저리그에 진출했을 때 이도류를 주장하는 그를 대부분 비웃었습니다. 그러나 6년 뒤 오타니는 15승 투수도 되었고, 2024년 54홈런 59도루를 기록한 삼도류의 선수가 되었습니다. 베이브 루스조차 20개 이상 도루를 한 적은 없습니다. 이제 그의 나이 31세, 전성기를 맞은 오타니가 어떤 기록을 써 갈지는 아무도 모릅니다. 전 세계의 야구팬들은 오타니를 진심으로 응원하며 사랑하고 있습니다.

  지금까지 오타니는 '기록제조기'라 할 만큼 많은 기록을 써 왔으니까요. 100년 전 기록들을 깨고 있고, 오직 야구만을 위해 살고 있습니다. 어릴 적 만화영화 주인공처럼 말도 안 되는 기록들을 보여주고 있습니다.

전 세계에서 가장 야구를 잘한다는 선수들이 모인다는 메이저리그에서 한 경기에 투수로 나와 타자로도 홈런을 치는 오타니. 100년 동안 아무도 그런 모습을 보인 프로야구 선수는 존재하지 않았습니다. 어쩌면 우리는 오타니와 같은 시대에 살고 있는 게 행복한 건지도 모릅니다. 20세기 사람들은 오타니 같은 선수를 본 적이 없었으니까요.

오타니는 야구만 잘하는 슈퍼스타가 아닙니다. 경기가 끝난 뒤 쓰레기를 먼저 줍고, 아무도 관심 없는 볼보이와 친구가 되어 주었습니다. 경기 때는 볼 판정으로 싸우는 심판에게도 먼저 이름을 부르며 인사를 건넵니다. 지금도 매년 리틀 야구 시절 은사인 감독에게 연하장을 보내고, 일본 초등학교 후배들에게 "야구하자"라는 글귀가 적힌 글러브를 보내는 야구 선배. 오타니를 읽는 것은 그의 야구 사랑과 인생을 배우는 것이라고도 할 수 있습니다.

이 책을 통해 오타니 선수의 배울 점을 찾아서 실천에 옮기길 바랍니다. 오타니와 같은 시대를 살고 있다는 행복, 그 하나만으로도 우리에게 기쁜 일입니다.

004 ★ 머리말

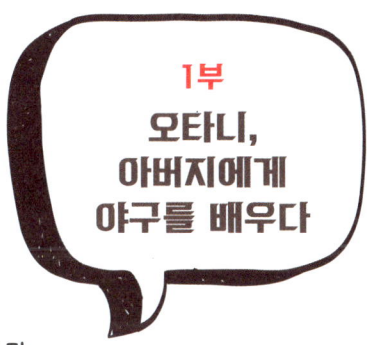

**1부
오타니,
아버지에게
야구를 배우다**

014 ★ 일본의 '베이브 루스' 태어나다
017 ★ 야구소년, 오타니의 첫 번째 스승은 아버지
023 ★ TV를 보며 메이저리그 선수를 꿈꾸다
027 ★ 오타니, 고교 시절 꿈꾸던 월드시리즈 우승하다
012 ★ 오타니 부모님의 특별한 자녀교육법
032 ★ 아버지에게 오른손으로 던지고 왼손으로 타격하는 것을 배우다
035 ★ 야구소년 오타니, 천재성을 드러내다

2부 오타니를 키운 사사키 감독

042 ★ 하나마키 히가시 고등학교 진학 후
    운명의 사사키 히로시 감독을 만나다 (1)

046 ★ 하나마키 히가시 고등학교 진학 후
    운명의 사사키 히로시 감독을 만나다 (2)

053 ★ 라이벌, 그를 키운 성장의 힘

3부 니혼햄 파이터스의 프로야구 선수가 되다

060 ★ 메이저리그 진출을 선언하다

062 ★ 드디어 니혼햄의 프로야구 선수가 되다

066 ★ 2013년 일본 프로야구와 개막전 선발명단에 들다

071 ★ 2015년의 프로 3년 차 오타니, 다르빗슈 유에게 배우다

073 ★ 설레임을 안고 2016년 개막을 기다리다

075 ★ 메이저리그 진출을 선언하다

080 ★ 꿈을 찾아 메이저리그로

085 ★ 드디어 메이저리거가 되다

090 ★ 2018 아메리카리그 신인상 수상하다

094 ★ 2020년 코로나가 세상을 뒤덮다

098 ★ 폭발했던 2021년 오타니의 해

107 ★ 투수로서 최정상급에 우뚝 서다

110 ★ 일본을 WBC 야구대회 우승으로 이끌다

117 ★ 2023년 다시 스프링 캠프로 향하다

120 ★ 7억 달러 사나이, 메이저리그의 계약 신기록을 쓰다

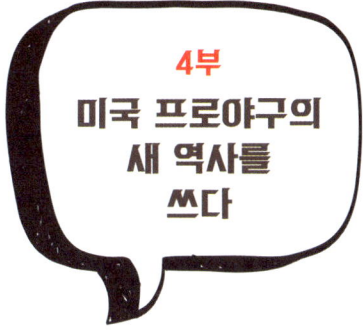

**4부
미국 프로야구의
새 역사를
쓰다**

**5부
우리는 오타니와
같은 시대를
걷고 있다**

136 ★ 오타니의 특별한 어느 날

139 ★ 이도류를 넘어 삼도류의 시대를 열다

143 ★ 오타니와 베이브 루스, 누가 더 위대할까?

149 ★ 오타니와 이치로의 차이점

156 ★ 애런 저지와 오타니 쇼헤이, 누가 더 잘 칠까?

160 ★ 에필로그 _ 우리는 오타니와 같은 시대를 살고 있다

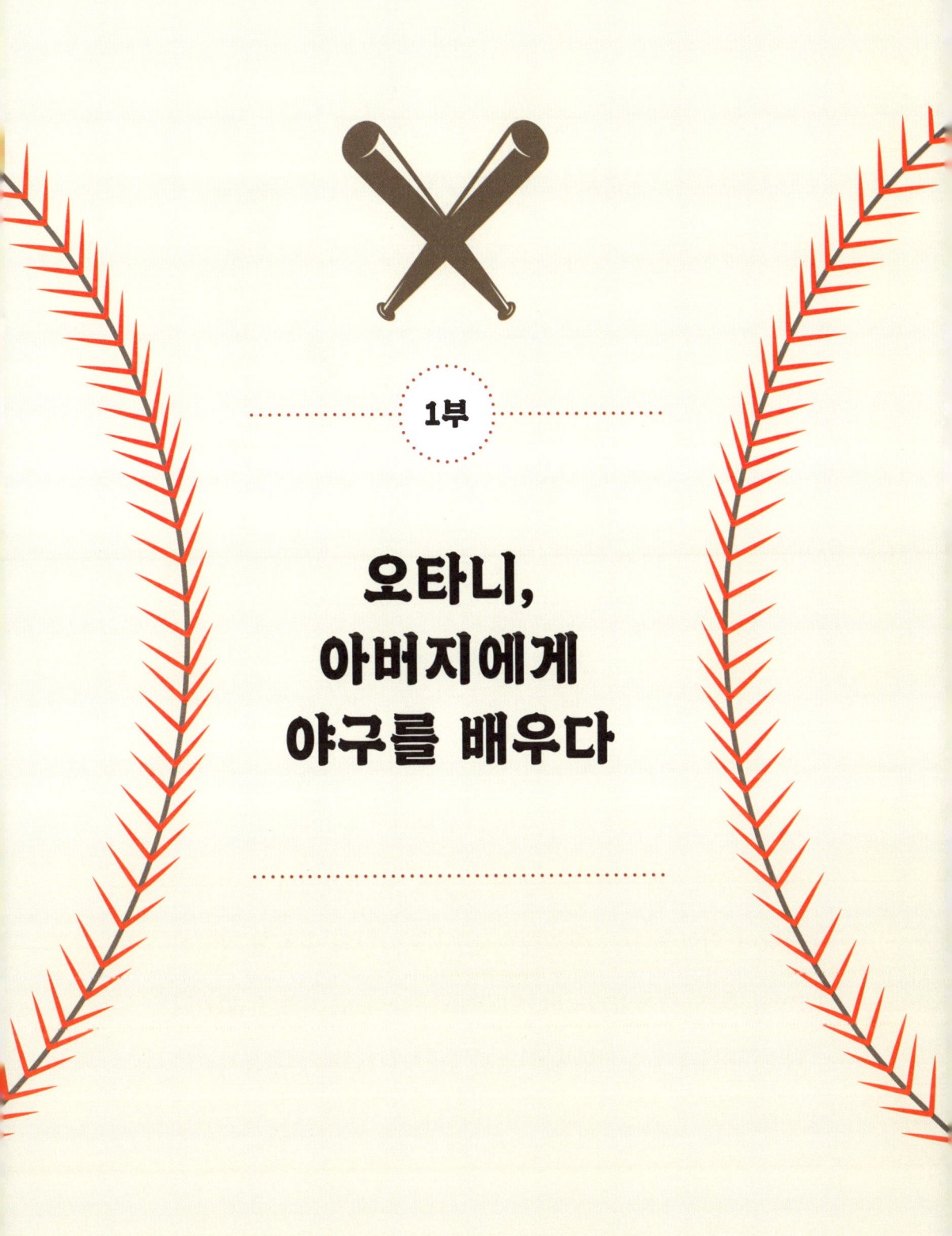

1부

오타니, 아버지에게 야구를 배우다

일본의 '베이브 루스' 태어나다

 오타니 쇼헤이는 도쿄에서 북쪽으로 480킬로미터 떨어져 있는 일본 이와테현 오슈시에서 1994년 7월 5일 셋째로 태어났습니다. 위로 형과 누나가 있는 막내였습니다. 오슈시는 수도 도쿄에서 3시간쯤 떨어진 곳이며, 메이저리그에서 성공한 오타니는 이와테현 주민들의 자랑이 되었습니다. 이와테현 논에 오타니의 얼굴을 장식한 논아트로 유명해졌습니다. 이와테현의 또다른 스타가 있습니다. 우리나라에 유명한 만화영화 〈은하철도 999〉의 모티브가 된 〈은하철도의 밤〉 일본 국민 동화 작가인 미야자와 겐지의 마을로도 유명합니다. 〈은하철도의 밤〉 술도 출시되었습니다. 과거 한적한 시골도시가 오타니로 인해 관광도시가 되었습니다. 인구 12만 명의 작은 도시였습니다. 오슈시는 축산업으로 유명한 도시였지만, 머지않은 미래에 쇼헤이가 일본에서 스타가 된 뒤 지구 반대편 미국에서 새로운 역사를 쓰게 되면서 스타의 출생지로 알려져 관광도시가 될 줄은 아무도 몰랐습니다.

오타니의 원래 이름은 '쇼헤이'가 아니라 '쇼'였습니다. 쇼는 '날다'라는 뜻인데, 무엇을 하든 훨훨 날아 그 애가 성공하기를 바라는 마음으로 지은 이름이었다고 합니다. 그러나 쇼에 '헤이'를 붙인 이유는 '고르다, 평범하다'는 뜻 때문인데, 쇼헤이는 명성을 떨치더라도 평온하게 살아가길 바라는 마음을 담아서 지었다고 합니다. 정말 이름처럼 오타니는 유순하고 선한 성품으로 성장했습니다.

오타니의 아버지는 실업 야구에서 뛴 적 있는 야구선수 출신이고, 엄마 또한 올림픽 출전까지 경쟁했던 배드민턴 선수 출신입니다. 오타니는 부모님으로부터 운동 DNA를 물려받고 태어났습니다. 아버지가 야구선수여서 두 아들이 야구를 접하게 된 건 자연스러운 일이었습니다. 아버지는 그렇다고 야구를 하라고 강요하거나 우수한 선수로 키우겠다고 애를 쓰지는 않았습니다. 아버지는 아들들에게 스포츠 정신을 가르쳤습니다.

이와데현은 추운 동네여서 사시사철 야구만 할 수 없는 동네였습니다. 이런 환경이 훗날 오타니에게 오히려 유리하게 작용하는 환경이 되기도 했습니다.

야구소년, 오타니의
첫 번째 스승은 아버지

오타니에게 야구는 운명이었습니다. 그가 야구를 만난 건 타고난 행운일지 모릅니다. 아버지는 형과 오타니에게 어릴 때부터 아침 운동으로 달리기도 시키고 캐치볼도 가르쳤습니다. 자연스럽게 야구는 그의 생활의 일부가 되었습니다. 6살 때 오타니가 쓴 일기장이 남아 있습니다. 가장 좋아하는 스포츠는 야구이며 자신의 꿈은 야구선수가 되는 것이라고 했습니다. 그리고 평범한 어른이 되고 싶다고 적었습니다. 6살 어린이가 쓴 말이라고는 믿기지 않습니다. 평범의 의미를 안다는 게 신기합니다. 이때는 소방관, 경찰관, 대통령 등 좀 더 근사한 걸 소망하는 게 보통 아이들의 생각입니다. 평범한 어른이 되고 싶다는 어릴적 생각은 자라면서 오타니의 성실과 겸손한 품행으로 나타났습니다. 어릴 때부터 오타니는 분명 생각이 또래보다 남달랐습니다.

오타니는 초등학교 3학년이 되자 리틀 야구단에 입단했습니다. 팀 이름은 미즈사와 리틀 야구팀이었는데, 감독님은 다름 아닌 아버지였습니다. 리틀 야구단에 정식으로 등록하기 전에는 캐치볼을 주고받으며 아버지에게 야구를 배웠습니다. 그런데 리틀 야구단에 와서 감독님으로 만난 아버지는 평소의 모습과 사뭇 달라 소년 오타니는 적잖이 놀랐습니다. 아버지는 감독님으로서 야구를 하면서 지켜야 할 규칙을 알려주었습니다. 이 가르침은 야구의 기초이자 오타니가 메이저리그에 진출해서도 지키고 있는 원칙이 되었습니다.

첫째, 크게 소리치며 힘차게 플레이할 것. 경기에서 이기고 지는 건 어린 리틀 야구선수들에게 중요한 것이 아니라는 사

실입니다. 학교의 정식선수도 아니고 취미 스포츠이니까 항상 즐겁고 '파이팅' 넘치는 플레이를 강조했습니다. 야구는 혼자 하는 운동이 아니기에 힘찬 파이팅은 동료들에게 소속감을 가져다줍니다.

둘째, 항상 집중해서 캐치볼 연습을 할 것. 캐치볼은 야구의 시작이자 몸을 풀기 위한 기본 운동입니다. 캐치볼을 충분히 해야 부상도 방지할 수 있습니다. 야구를 알수록 기본 캐치볼을 귀찮아 하는데, 오타니는 어린 시절부터 몸에 익힌 습관으로 평생 실천하고 있습니다.

셋째, 1루를 향해 전력으로 달릴 것. 아웃 될 것이 뻔한 상황에서도 상대팀의 실수가 나올 경우 귀한 1루타를 얻을 수 있기 때문입니다. 하지만 프로선수들도 타격 후 1루 베이스로 전력 질주를 하는 경우가 드뭅니다. 야구는 경우의 스포츠입니다. 공은 둥글기에 무슨 일이 일어날지 모릅니다. 오타니는 일본에서뿐만 아니라, 미국 메이저리그 진출 후에도 1루까지 전력 질주를 하는 것으로 유명합니다.

TV를 보며
메이저리그 선수를 꿈꾸다

오타니는 어떻게 메이저리그 선수가 되었을까요? 막연히 미국에 가야겠다고 생각하지는 않았겠지요?

초등학교 시절 오타니는 TV를 보며 프로야구 선수의 꿈을 키웠습니다. 그 시절 오타니가 존경하던 스즈키 이치로 선수는 258개의 안타를 치며 시즌 최고 안타왕이 되는 모습을 지켜봤습니다. 미국 최고 명문 구단 뉴욕 양키스에서 뛰면서 월드시리즈에 진출해 홈런을 쳤던 마쓰야마 히데키도 오타니의 영웅이었습니다. 미국의 랜디 존슨이 퍼펙트 게임을 달성하는 모습도 봤습니다.

오타니는 미국 최고 홈런을 쳤던 베리 본즈의 타격 동작이나, 보스턴 레드삭스의 투수 페드로 마르티네스의 투구 동작을 따라 하기도 했습니다. 물론 마쓰야마 히데키의 스윙도 연구했습니다. 타격의 슈퍼스타 켄 그리피 주니어 또한 오타니의 우상이었습니다.

어린 오타니는 메이저리그 경기를 초등학생답지 않게 진지하게 보며 연구했습니다. 컴퓨터로 선수들의 투구와 타격 동작 사진들을 모으기도 했습니다. 그리고 메이저리그 선수들의 수준이 매우 높다는 걸 어렴풋이 알았습니다. 오타니는 언젠가 미국에 진출하기를 소망했습니다. 그래서 18세에 고등학교를 졸업하고 미국 프로야구에 바로 진출하겠다는 장래희망을 세웠습니다.

비록 그 꿈은 조금 늦게 이뤄졌지만, 오타니가 지닌 미국 진출의 꿈은 어린 시절부터 준비해 온 것이었습니다.

오타니, 고교 시절 꿈꾸던 월드시리즈 우승하다

 오타니가 고3 때 작성한 인생 계획표가 있습니다. 그 계획표에 18세 메이저리그 입단이 있습니다.

실제로 그 나이에 LA 다저스 구단이 적극적으로 움직였습니다. 그러나 오타니는 니혼햄 파이터스에 입단해 일본 프로야구에 남기로 결정했습니다. 투수와 타자로 성장시키겠다는 구리야마 감독의 제안 때문이었습니다. 세월이 지나 결과적으로 보면 그 판단은 현명했습니다. 18세에 LA 다저스 구단에 입단했다면, 아마도 투수와 타자 중 하나만 택했을 것입니다.

  우리나라 선수들도 고등학교를 졸업하고 메이저리그 구단에 입단한 선수가 수십 명에 이르지만, 대부분 적응에 실패하고 한국으로 돌아온 경우가 허다합니다. 고3 인생계획표에 26세에 월드시리즈 우승과 결혼이 있습니다. 2024년 2월에 오타니는 다나카 마이크와 결혼했고, 월드시리즈 우승을 했습니다. 32세에 월드시리즈 두 번째 우승 가능성도 보입니다. 오타니는 2024년 현재 31세이니 2025년에 LA 다저스가 월드시리즈 2연속 우승을 하면 가능합니다. 현재 세계 최강 LA 다저스의 전력으로 불가능한 목표도 아닙니다.

  2024년 10월 25일부터 7전 4선승제로 아메리칸리그 챔피언인 양키스와 내셔널리그 챔피언 LA 다저스가 월드시리즈를 치렀습니다. 무려 43년 만의 월드시리즈 대결이었습니다. 두 팀은 양대 리그 최고 인기구단이자 부자구단이라 수많은 슈퍼스타를 보유해서 더 화제를 모았습니다. 애런 저지와 오타니, 좀 더 스타를 불러오면 소토-저지-스탠튼 VS 베츠-오타니-프리먼의 슈퍼스타 대결이었습니다. 두 팀은 11회나 월드시리즈에서 만났는데, 역사상 최다 맞대결이었습니다. 상대전적은 8승 3패로 양키스가 우세했습니다.

결과는 4승 1패로 LA 다저스의 승리로 끝났습니다. 양대리그 MVP 후보 애런 저지와 오타니 쇼헤이는 기대만큼 활약하지는 못했습니다. 오타니는 월드시리즈에서 0.105(8타수 2안타)로 부진했습니다. 하지만 경기장 바깥에서 팀 동료들의 기운을 북돋우며 분위기 메이커로서 노력했습니다. 데이브 로버츠 감독 역시 "오타니는 우리를 위해 헌신했다. 한 팔로 뛰면서 놀라운 일을 해냈다."고 칭찬했습니다.

돈을 좇지 않고 꿈을 찾아 LA 에인절스에 입단해 2018년 이후 한 번도 포스트시즌에 나가지 못한 오타니는 LA 다저스로 팀을 옮기자마자 우승을 했습니다. 고1 때 세운 만다라트 계획표가 8구단으로부터 1순위 프로지명이 우선이라면, 고3 때 작성한 18세에 메이저리그에 진출해서 41세에 일본 귀국이란, 처음에는 다소 황당한 계획들이 이제는 얼마나 실현되는지 놀라움으로 확인하고 있다고 합니다.

오타니의 월드시리즈 출전에 일본 사람은 1515만 명이 시청해서 미국의 시청자 수 1455만 명을 추월했다고 합니다. 얼마나 오타니의 월드시리즈를 응원했는지 알 수 있을 겁니다. 이런 오타니를 두고 운이 좋았다고 말하는 사람이 있을 순 있습니다. 월드시리즈 우승은 쉽게 오는 행운이 아닙니다.

오타니는 일본시리즈에서, 니혼햄 파이터스에서, 미국 월드시리즈에서, LA 다저스에서 우승한 복 많은 야구선수입니다. 역시 오타니는 기록제조기 사나이입니다. 오타니의 고3 인생계획표처럼 내년에도 월드시리즈에서 우승할까요?

오타니 부모님의 특별한 자녀교육법

오타니의 아버지는 야구선수, 엄마는 배드민턴 선수 출신입니다. 부모님 두 사람 모두 운동을 하면서 배운 단체 생활의 원칙이 몸에 배어 있었습니다. 모두 교육 전문가는 아니었으나, 자녀교육에는 원칙과 소신을 가지고 있었습니다.

첫 번째 원칙은 아이들 앞에서 부부 싸움을 하지 않는다는 것입니다. 의견 충돌이나 갈등이 있었겠지만, 아이들 앞에서는 자제했습니다. 부모들의 다툼은 어린 자녀들이 불안해하고 눈치를 보게 되는데, 이런 환경 속에서 자란 오타니는 원만한 성격으로 성장할 수 있었습니다. 오타니가 유치원에 들어갈 때쯤 오타니가 아끼던 해리 포터 공책이 구겨진 것을 보고 누가 만졌냐고 화를 내자, 아버지가 겨우 그걸 가지고 소리를 지르냐고 꾸짖었습니다. 이게 중고등학교까지 성장할 때까지 유일하게 혼난 기억이라고 합니다.

두 번째 원칙은 가족들끼리 최대한 오래 같이 시간을 보내는 것이었습니다. 오타니의 어머니는 아버지의 귀가 시간에 맞춰 저녁을 준비했습니다. 가족 모두 식탁에서 식사하며 자연스럽게 대화하는 시간으로 이어졌습니다. 요즘 유행한 밥상머리 자녀교육을 실천하는 가족이었던 것입니다. 엄마는 음식점에서 파트타임으로 근무했으나, 주말에는 근무하지 않고 가족과 함께했습니다. 그러다 보니 어릴 적 오타니에게 공부하라고 잔소리해본 적이 없다고 합니다. 어머니는 가족들과 함께하는 시간을 늘리기 위해 TV 앞에 같은 방송을 시청

하도록 유도했습니다. 오타니는 기숙사가 있는 고등학교에 진학할 때까지 형, 누나와 거실 책상에서 매일 앉아 공부했다고 합니다. 누나가 공부하는 걸 보며 자연스럽게 공부하는 습관을 배웠습니다.

세 번째 원칙으로는 끝까지 노력해 이뤄내는 근성이었습니다. 아버지는 오타니에게 네가 하고 싶은 야구를 선택했으니 게임이나 하며 놀러 가고 싶은 마음을 참으라고 가르쳤습니다. 다른 아이들은 어리광을 피웠을 텐데 어린 오타니는 의젓하게 참았습니다. 오직 좋아하는 야구만 묵묵히 하고, 심지어 용돈과 세뱃돈을 받아도 야구용품 살 때만 썼습니다. 남은 돈은 자기 몫으로 남겨두는 게 보통입니다. 오타니는 중학교 때 수학여행을 갔는데 가족들의 기념품을 사오고 쓰지 않은 돈은 돌려주었습니다. 쇼헤이는 '쓸데없는 일에 돈을 쓰지 않는다'는 생각을 했습니다.

네 번째 원칙은 원하는 것을 즐겁게 하는 것입니다. 오타니는 리틀 야구 아버지에게 야구를 배웠는데 야구를 잘하라고 연습을 강요한 적이 한 번도 없다고 합니다. 스스로 즐겁지 않으면 무엇도 오래 할 수 없기 때문이었습니다. 오타니는 어린 시절부터 강요받지 않고, 스스로 야구를 즐기는 법을 배웠습니다. 그것이 그가 일본 프로야구 최정상의 선수에서 메이저리그 MVP를 수상하게 된 원동력이었습니다.

오타니에게 야구는 즐거운 인생의 동반자입니다. 항상 따

뜻한 미소와 먼저 인사하기, 다친 동료 일으켜 주기, 그리고 볼보이와 친해지기 등 승부에 대한 집착보다는 야구하는 모든 사람들에게 감사하며 관심을 갖게 되었습니다.

아버지에게 오른손으로 던지고 왼손으로 타격하는 것을 배우다

 감독인 아버지에게 야구의 기초를 배우고 익혔지만 특이한 건 오른손으로 투수를 하고, 타자로 타석 때는 왼손으로 타격하게 훈련을 받았습니다. 처음에 오타니는 왼손잡이가 아닌데 왼손으로 타격하려니 엄청 불편하고 힘들었습니다. 당시 우투좌타 훈련방법은 리틀 야구단 부모들로부터 왜 애들한테 불편하고 이상한 걸 시키느냐고 항의도 받았습니다. 낯설고 불편하지만 마치 양손잡이가 두 손을 다 잘 쓰듯, 양발잡이 손흥민 선수가 좌우 두 발을

잘 쓰듯 양손을 잘 쓰게 되는 훈련법이었습니다.

오른손잡이 타자가 오른쪽 타석에서 타격할 때보다, 왼손잡이 타자가 왼쪽 타석에서 타격을 할 때 1루에 반 발 정도 가깝다는 장점이 있습니다. 1루에서 세이프와 아웃이 갈리는 찰나의 순간, 그 반 발은 큰 차이입니다. 반 발걸음이 안타 하나로 바뀐다면, 1년에 거의 500타석을 선다고 할 때 그 차이는 엄청나게 클지도 모릅니다. 어릴 적 아버지의 독특한 야구수업이 미래의 오타니를 바꾸어가고 있었습니다.

메이저리그에 진출한 우리나라 이정후 선수도 우투좌타의 대표적인 선수이기도 합니다. 오른쪽으로 던지고 왼손으로 타격하는 게 어린 오타니에게는 쉬운 일이 아니었습니다. 다른 리틀 야구 친구들은 거의 다 포기했습니다. 왜냐하면 불편하니까요. 오타니는 감독이자 아버지에 대한 믿음으로 묵묵히 연습했습니다. 양쪽 근육을 쓰는 일은 어렵지만, 오타니에게는 포기하지 않는 끈기가 있었습니다.

야구소년 오타니, 천재성을 드러내다

☀️ 오타니가 리틀 야구단에 들어와서 첫 홈런을 쳤는데, 70미터를 넘는 홈런이었습니다. 리틀 야구를 지도했던 미즈사와 야구단의 아사리 쇼지 코치는 30년 만에 처음이었다고 합니다. 이 홈런을 계기로 오타니는 지역 사회에서 유명해졌습니다. 오타니가 처음이었고 그 이후로는 아무도 없었다고 합니다. 오타니가 태어난 이와태현 미즈사와시는 추워서 사시사철 야구를 할 수 없는 환경이었습니다. 일본에서도 꽤나 추운 곳이어서 야구로는 이름난 곳 지역

과는 멀었습니다. 그러다 보니 야구팀도 적었습니다. 대도시 야구부와는 정서가 조금 달랐습니다. 무조건 이기고 잘하려는 치열한 경쟁심보다는 논과 밭으로 이뤄진 지역이라 소박한 생활을 하고 있었습니다. 딱히 야구로 성공하겠다는 마음들도 없었습니다.

이런 평범한 환경이었지만 오타니의 천재성은 조금씩 조금씩 꿈틀거리고 있었습니다. 오타니의 까마득한 후배들도 뛰고 있는 지역 리틀 야구장은 하천 근처에 있습니다. 그리고 시골 야구단이다 보니 야구공 한 개가 소중했습니다. 오타니의 지역을 대표하는 홈런타자로 이름을 날렸는데, 홈런을 너무 많이 쳐서 문제가 되었습니다. 홈런을 친 공이 하천에 빠지면서 야구공을 너무 많이 잃어버렸습니다. 그래서 하천 근처에 네트를 설치해 공의 분실을 방지해보려 했습니다. 하지만 왼손 타자인 오타니가 오른쪽으로 주로 당겨치다 보니 홈런공의 분실을 완전히 예방할 수 없었습니다. 그러자 아사라 쇼지 코치는 특단의 조치를 오타니에게 취했습니다. 오타니에게 당겨치는 것을 금지하고 밀어치기를 주문했습니다. 오타니에게 홈런공 분실 방지로 밀어치기 훈련이 자연스럽게 실천된 겁니다. 프로선수들도 당겨치고 밀어치기를 잘못하는 선수가 태반이었습니다. 이런 어려운 타격 훈련을 초등학교 고학년 때부터 했다는 게 믿어지지 않습니다. 오타니는 야구 불모지에서 태어났지만 불리한 여건을 잘 활용한 케이스입니다. 이런 훈련의 결과는 초등학교 6학년 때 참가한 홈런왕 선발 대회에서 결실을 맺었습니다. 리틀 야구는 중학교 1학년도 참가할 수 있었는데 참가자가 다 중학생이었습니다. 오타니는 15번 스윙에서 11번 홈런을 쳤는데, 다들 놀라움을 금치 못했습니다. 다른 중학생 참가자들이 보통 3~4개의 홈런을 치는데 초등학생 오타니가 평균보다 몇 배의 홈런을 친 것이었습니다. 오타니는 1등을 해도 겸손함을 보였는데, 그 겸손함이 우연이 아닌 일화를 소개합니다.

리틀 야구 시절 합숙 훈련 중 감독이 선수들에게 합숙 중 "게임기 가져온 사람 손 들어봐."라고 하자 오타니를 제외하고는 모두 손을 들었습니다. 감독은 오타니에게 왜 게임기를 가져오지 않았는지를 물었습니다. 오타니는 웃으며 "저는 야구가 훨씬 재미있습니다."라고 대답했습니다. 오타니는 어릴 적부터 야구에 진심이었고, 야구를 사랑했습니다.

오타니는 그렇게 중학생이 되었습니다. 그 전에 인근 중학교 스카우트 담당자가 찾아왔지만 야구부에 안 들어가고 이치노세키 리틀 시니어 팀에 들어갔습니다. 중학교 1학년 때 첫 장외홈런을 쳐 야구장 밖 신호등을 맞춘 적이 있었습니다. 추정거리는 120미터였다고 합니다. 이건 전설 같은 신기한 이야기로 남아 있습니다. 투수로도 전설 같은 이야기를 남겼는데, 리틀 야구 결승전 때 6회까지 삼진을 17개 잡았습니다. 리틀 야구는 6회까지만 했는데, 1명을 제외한 전원 삼진 아웃을 잡았다는 이야기입니다. 투타 양쪽에서 지금도 이해가 안 될 만한 천재성을 중학생 때 이미 보여주었던 것입니다.

초등학교부터 야구에 진심인 오타니는 중고등학교에 진학

해서도 변함없었습니다. 큰 키를 위해 무조건 9시에 잠을 청했습니다. 숙면은 신체 발달에 필수조건이라 믿었습니다. 그리고 고등학교에 들어가서는 하루 13공기를 먹었다는 일화에서 보듯 그의 야구 사랑은 더욱 커져갔습니다.

야구부가 있는 중학교에 오라는 제안에도 그가 리틀 야구팀에 남은 건, 아마 야구를 승부로 생각하기보다는 즐거운 놀이로 만들고 생각했는지도 모르겠습니다. 야구를 초등학교 야구부가 아닌 리틀 야구로 시작했다는 건 야구가 놀이이고 사교라는 출발이어서 그럴 거란 생각이 듭니다. 오타니는 야구 사랑에 벗어나는 행위들을 하지 않았습니다. 사춘기가 없이 야구에 빠져 살았다는 생각이 듭니다.

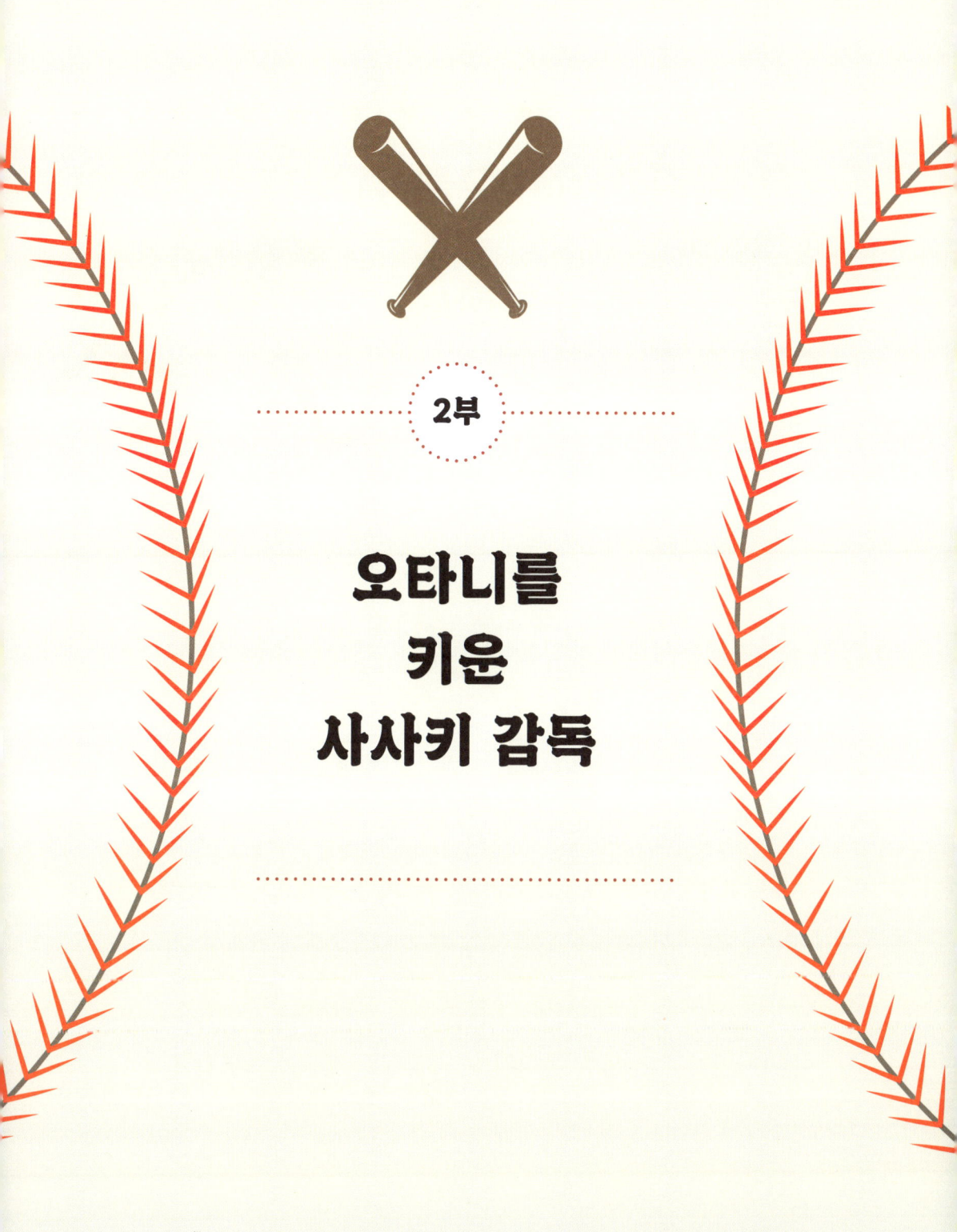

2부

오타니를
키운
사사키 감독

하나마키 히가시 고등학교 진학 후
운명의 사사키 히로시 감독을 만나다 (1)

오타니가 투수와 타자로서 실력을 보이자 이와테현 고등학교와 다른 현의 고교 팀에서 스카우트 제안이 넘쳐 났습니다. 오타니는 일본 고교 야구계의 최고 스타인 기쿠치 유세이가 다니고 있는 하나마키 히가시 고등학교에 진학했습니다. 현역 메이저리거 2명이 훗날 야구의 불모지인 이마테현의 같은 고등학교에서 나오는 기적이 연출될 줄 아무도 몰랐습니다. 중학교 시절 오타니는 야구 뿐만 아니라 단거리 달리기, 높이뛰기, 수영에도 재능을 보였습니다. 특히 수영에서 두각을 나타냈습니다. 수영 코치는 수영을 계속 했어도 국가대표를 했을 거라고 합니다. 수영의 재능이 오타니의 유연성을 말해주는지 모르겠습니다. 또 배구공으로 실내체육관 바닥을 쳐서 천장까지 튀어오르게 할만큼 장사였는데 다른 동료 선수는 천장의 절반 정도였다고 합니다.

2010년 오타니는 히마나키 히가시 고등학교에 입학했습니다. 거기서 인간 오타니를 만든 두 번째 스승 사사키 히로시 감독을 만났습니다. 사사키 감독은 눈앞의 성적보다는 선수들의 신체적, 정신적 성장을 우선시하는 야구 감독이자 참 스승이었습니다.

사사키 감독은 선수들에게 4가지 지켜야 할 원칙을 강조했습니다.

첫 번째 원칙은 투수들에게 화장실 청소를 전담하게 하는 것이었습니다. 초중고 시절에는 투수가 제일 뛰어난 경우가 많습니다. 그러다 보니 타격에서도 4번 타자인 경우가 많습니다. 아무래도 팀에서 제일 잘하니까 우쭐하기 쉽습니다. 그리

고 경기에서 이겼을 때 수훈선수로 뽑힐 확률이 많습니다. 마운드 특성상 제일 높은 곳에서 타자와 포수를 보고 공을 던집니다. 여러 환경 요인에서 투수는 돋보이는 포지션입니다.

이런 이유에서 투수조에게 화장실 청소를 전담시킨 건 겸허함을 배우게 하려는 교육 의도였습니다. 제일 돋보이는 투수가 남들이 하기 싫어하는 화장실 청소를 하게 되면서 단체 운동인 야구 팀원들의 단합력이 높아지는 효과가 있었습니다.

두 번째 원칙은 "선입관은 가능을 불가능으로 바꾼다."라는 긍정적 생각을 강조했습니다. 이 말은 나중에 오타니의 인생 좌우명이 되기도 했습니다. 오타니는 중학생 시절에는 종종 적당히 힘든 일이 있었고 포기한 적도 있었습니다. 그러나 고등학생 시절 기숙사 생활을 통해 긍정적인 사람으로 바뀌었습니다. 사사키 감독을 만나면서 난관에 부딪혔을 때 포기하지 않고 뛰어넘는 도전의식을 배울 수 있었다고 합니다.

하나마키 히가시 고등학교 진학 후 운명의 사사키 히로시 감독을 만나다 (2)

 고등학교를 입학해서 오타니는 신체검사를 받았습니다. 그 신체 검사표를 받아보고 사사키 감독은 고민에 빠졌습니다. 왜냐하면 오타니는 아직도 성장판이 열려 있었기 때문이었습니다. 사사키 감독은 담당 의사를 찾아갔습니다. 의사는 X-레이 사진을 보여주면서 5센티미터나 더 성장할 수 있다는 의견을 내놓았습니다. 그래서 눈앞의 성적보다 미래를 선택하기로 했습니다.

사사키 감독은 오타니를 투수로 쓰지 않고 외야수로 뛰게 했습니다. 사사키 감독도 좋은 성적을 내서 고시엔 대회에 참가하고 싶은 마음이 있었겠지만, 그는 눈앞의 성적보다 선수들의 신체적, 정신적 성장을 중요하게 생각하는 감독이었습니다. 이마테현이 야구의 불모지이고 학부모들의 극성이 심하지 않은 외부적인 요인도 작용했겠지만, 대학과 프로지명이 걸린 고교 시절에 평생 좌우명이 될 4가지 원칙을 학생들에게 가르친 건 선수들에게 행운인지도 모르겠습니다.

오타니가 고등학교에 진학하고 얼마 안 되었을 때 사사키 감독이 선수들을 모아놓고 만다라트 계획표를 작성해보라고 숙제를 내주었습니다.

이 만다라트 계획표는 일명 드림보드로 일종의 꿈의 지도인데 1개의 핵심목표와 8개의 세부목표, 64개의 실천과제로 채워졌습니다. 1개의 핵심목표는 8개 프로구단으로 1차 지명을 받는다는 목표 아래, 그 목표를 위해 갈고 닦을 여덟 개의 중간 목표 아래 다시 여덟 가지 요소를 덧붙였습니다. 160킬로미터까지 던지는 투수가 되기 위해 꿈 만들기와 정신력 다

잡기, 행운과 제구력, 인간성까지 고1 학생이 작성한 거라곤 믿기지 않으며 오타니의 어릴적 우상 투수 페드로 마르티네스는 이 만다라트 계획표를 미국 프로야구 명예의 전당에 전시하자고 했습니다.

몸관리	영양제 먹기	FSQ 90kg	인스텝 개선	몸통 강화	축 흔들지 않기	각도를 만든다	위에서 공을 던진다	손목 강화
유연성	몸 만들기	RSQ 130kg	릴리즈 포인트 안정	제구	불안정 없애기	힘 모으기	구위	하반신 주도
스테미너	가동역	식사 저녁 7순갈 아침 3순갈	하체 강화	몸을 열지 않기	멘탈을 컨트롤	볼을 앞에서 릴리즈	회전수 증가	가동력
뚜렷한 목표·목적	일희일비 하지 않기	머리는 차갑게 심장은 뜨겁게	몸 만들기	제구	구위	축을 돌리기	하체 강화	체중 증가
핀치에 강하게	멘탈	분위기에 휩쓸리지 않기	멘탈	8구단 드래프트 1순위	스피드 160km/h	몸통 강화	스피드 160km/h	어깨주변 강화
마음의 파도를 안만들기	승리에 대한 집념	동료를 배려하는 마음	인간성	운	변화구	가동력	라이너 캐치볼	피칭 늘리기
감성	사랑받는 사람	계획성	인사하기	쓰레기 줍기	부실 청소	카운트볼 늘리기	포크볼 완성	슬라이더 구위
배려	인간성	감사	물건을 소중히 쓰자	운	심판을 대하는 태도	늦게 낙차가 있는 커브	변화구	좌타자 결정구
예의	신뢰받는 사람	지속력	긍정적 사고	응원받는 사람	책 읽기	직구와 같은 폼으로 던지기	스트라이크 볼을 던질 때 제구	거리를 상상하기

8개 구단으로부터 지명받기 위해 제구와 구위, 몸 만들기, 볼 스피드 160킬로미터, 멘탈, 변화구, 인간성, 운으로 구성되어 있습니다.

고등학생이 목표 구속을 160킬로미터로 설정한다는 것, 투수와 타자로 동시에 도전하는 이도류의 길을 걷게 만든 것은 사사키 감독과의 만남으로 가능했습니다. 사람에게 만남과 인연이 얼마나 중요한지 알게 합니다.

세 번째 원칙은 '투자와 소비'를 구분하라는 것이었습니다. 이 원칙의 설명을 사사키 감독은 "드라마를 보는 시간과 참고 서로 공부하는 시간, 어느 쪽이 투자이고 소비인가."라는 질문을 던졌습니다. 사사키 감독은 결과를 만드는 건 투자이고 없는 건 소비라는 걸 알려주었습니다. 드라마를 보는 것과 자신의 인생을 위해 노력하는 것 중 무엇이 소비인지 투자인지 염두에 두고 행동하라는 것입니다.

네 번째 원칙은 쓰레기 줍기를 가르친 것이었습니다. '쓰레

기를 줍는 건 다른 사람이 버린 운을 줍는 것'이라는 것이 사사키 감독의 뜻이었습니다. 고등학교 1학년 때 작성해서 유명해진 만다라트(목적 달성의 틀) 계획표에서 출발합니다. 고등학교 1학년이 작성했다고는 믿기지 않을 정도로 다양하고 세세하게 목표를 설정해 놨습니다. 그 계획표에는 자신의 운을 위해 인사하기, 쓰레기 줍기, 심판을 대하는 태도, 책 읽기와 같은 목표가 있었습니다. 단순한 계획표로 그치는 게 아니라 고등학교 1학년부터 휴지와 담배꽁초도 줍는 습관의 실천은 지금도 하고 있습니다. 경기 시작 전 심판에게 모자를 벗어 인사를 정중히 건네는 습관은 오타니가 메이저리그에 진출해서도 이어졌습니다.

사사키 감독이 강조하고 전파한 4가지 가르침은 오늘의 오타니를 만들었습니다. 그러기에 사사키 감독은 단순히 감독이 아닌 인생의 스승이기도 했습니다.

오타니는 공부도 소홀히 하지 않아 전과목이 평균 85점 이상이었다고 합니다.

고1 때 세운 목표와 실천 내용이 매우 구체적이어서 오타니의 사고의 깊이에 놀라게 됩니다. 오타니는 히나마키 히가스 고등학교 입학을 선택하게 했던 기쿠치 유세이가 달았던 17번 등 번호를 물려받습니다. 기쿠치와 선배는 몇 년 뒤에 메이저리그에서 같이 뛰는 인연을 이어갔습니다. 사사키 감독의 주문처럼 오타니는 오직 야구에만 전력을 쏟아 노력했습니다. 그 결과 고3 때 일본 아마추어 야구 사상 최초로 160킬로미터를 달성했고, 졸업하기 전 56개의 홈런을 친 초고교급 선수가 되었습니다.

이런 활약으로 그는 일본 U-18 야구 국가 대표로 선발되기도 했습니다. 오타니는 당시에 한국 땅을 밟은 적이 있는데, 2012년 세계 청소년 야구 선수권 대회에 일본 대표팀으로 목동 구장에서 우리나라와 대결했습니다. 오타니는 7이닝 2실점으로 잘 던졌지만 8이닝 무실점으로 호투한 우리나라의 이건욱 선수에게 패전을 당한 추억이 있습니다. 56호의 홈런을 치고 160킬로미터를 던진 오타니를 이긴 투수가 우리나라에 있었다니 놀라운 일이 아닐 수 없습니다. 물론 10년이 지난 두 선수의 위치는 너무 먼 격차가 벌어졌습니다.

라이벌,
그를 키운 성장의 힘

 모차르트와 살리에르의 라이벌 이야기는 음악사의 에피소드를 넘어 유명한 일화입니다. 하늘은 두 천재를 허락하지 않는 걸까요? 동시대에 태어나지 않았다면 비운의 천재로 남지 않았을 텐데요. 뭘 해도 천재에 묻히고 마는 라이벌의 비애. 모차르트와 살리에르처럼 각 분야에는 라이벌의 이야기가 존재합니다. 우리나라에도 이제는 전설이 된 15이닝 완투의 무승부를 기록한 선동렬과 최동원의 라이벌 이야기도 유명합니다. 메이저리그에서는 홈런왕

경쟁을 벌인 마크 맥과이어와 새미 소사가 유명합니다.

 오타니 쇼헤이도 라이벌이 있었는데, 현재 미국 메이저리그 뉴욕메츠 소속의 후지나미 신타로 선수였습니다. 오타니가 고등학교에 진학하자 일본 고교야구 최고 선수의 후지나미 신타로의 이야기가 넘쳐 나고 있었습니다. 오타니가 야구의 불모지의 이와테현 하나미키 히가스 고등학교 출신이라면, 후지나미는 일본 최고 명문 오사카 도인 고등학교 출신이었습니다. 이와태현이란 작은 지역에서 야구를 잘한다는 이야기를 듣고 자란 오타니에게 후지나미의 등장은 충격이었습니다. 후지나미도 150킬로미터가 넘는 강속구를 던질 수 있었고, 오타니가 193센티미터의 장신인데 후지나미는 197센티미터로 장신에서 꽂는 강속구는 오타니 못지않게 위력적이었습니다. 후지나미는 초등학교 졸업 때 180센티미터이고, 중학교 졸업 당시 194센티미터였다고 합니다. 처음 만난 건 둘 다 고3 이던 2012년 봄 일본 고교생들의 꿈의 대회인 고시엔 32강 대회에서 맞붙었습니다. 이때 오타니는 후지나미에 솔로 홈런을 쳤습니다. 2볼 2스트라이크 상황이었는데, 후지나미는 스트라이크 한 개면 삼진처리 상황이었습니다. 오타니는 하필 그 경기에서 제구력 난로를 보여 9실점하며 2-9로 완패했습니다. 아마 고2 때 어깨 부상으로 오래 쉰 부상의 여파가 아닐까 하고 오타니는 자책했습니다.

후지나미 산타로의 오사카 도인 고등학교는 파죽지세로 우승했습니다. 그 대회에서 후지나미는 32강부터 결승까지 5경기에서 고교야구 대회 최초로 150킬로미터 이상의 속도로 던지며 우승했습니다. 그리고 봄보다 더 경쟁이 치열해진 여름에도 무지나마 오사카 도인 고교는 고시엔 대회에서 또 우승했습니다. 후지나미는 준결승에서 9이닝 2안타 무실점, 결성에서도 9이닝 2안타 무실점, 14개의 탈삼진 타이 기록으로 우승했습니다.

3700개가 넘는 고교 야구팀이 있는 일본에서는 고시엔 대회 본선 참가도 하늘의 별따기만큼 어렵다고 합니다. 이런 고시엔 대회에서 봄, 여름 대회를 동시에 우승하는 건 낙타가 바늘구멍을 통과하기보다 어려운 일이었습니다. 거기에 준결승, 결승을 2연속 완투하며 완봉승했으니 후지나미의 천재성은 하늘을 찌르고도 남았습니다.

후지나미와 오타니는 우리나라에서 열린 제25 AAA 청소년 야구 선수권 대회에 참가했습니다. 후지나미는 이때 24닝 1/3이닝 투구에 1.11의 방어율로 올스타 선정과 그해 국제 야구 연맹이 선정하는 2012년 18세 이하 최우수 선수로 선정되었습니다. 10월 가을에도 기후 국민 체육대회에서도 도사카도인 고등학교 야구부는 또 우승했습니다. 이렇게 3번의 전국 대회를 연속으로 우승한 건 1999년 '괴물 투수' 마스자카 다이스케 이후 13년 만에 후지나미가 업적을 세웠다고 합니다.

이렇게 후지나미가 잘나갈 때, 오타니는 성장의 시간으로 삼으며 노력을 했습니다. 봄 고시엔 대회에서 후지나미와 대결에서 후지나미는 2개의 볼넷을 허용할 때, 오타니는 11개의 볼넷을 허용했습니다. 그 충격으로 오타니 볼 스피드 못지않게 제구력 향상에 매진했습니다.

그 여름 고시엔 대회에선 지역 예선에서 탈락해 본선 무대도 못 간 오타니는 본선에서 2연속 완봉으로 우승 트로피를 들어 올린 후지나미를 TV로 지켜볼 수밖에 없었습니다. 그리고 가을에 같이 한국에서 열린 청소년 세계선수권대회에 참가하기도 했으나 후지나미가 올스타 팀이 선정되는 걸 지켜볼 수밖에 없었습니다.

오타니가 후지나미를 뛰어넘어야 할 라이벌로 여기며 노력한 시절이 있었습니다. 10년이 지난 지금은 어떨까요? 둘 다 고등학교를 졸업하고 오타니는 니혼햄 파이터스에, 후지나미는 한신 타이거스에 입단했고, 그걸 발판으로 메이저리그에 같이 진출했습니다. 세월이 흘러 올해 오타니는 54홈런 59도루라는 신기록을 세운 슈퍼스타가 되었지만, 후지나미는 1군에서 방출되어 2군에서 뛰며 일본으로 복귀를 염두에 두는 처량한 신세가 되었습니다.

이런 결과가 왜 생겼을까요? 오타니는 후지나미라는 라이벌에게 패하면서 자신의 약점을 극복하려고 노력했습니다. 라이벌이 성장의 힘과 거름이 되었습니다. 반면 후지나미는 자신의 천재성과 스포트라이트에 취해 약점인 제구력 부족을 알면서도 고치려고 노력하지 않았습니다. 자신의 약점을 바라보는 긍정의 마인드가 서로의 위치를 바꿔 놓았습니다.

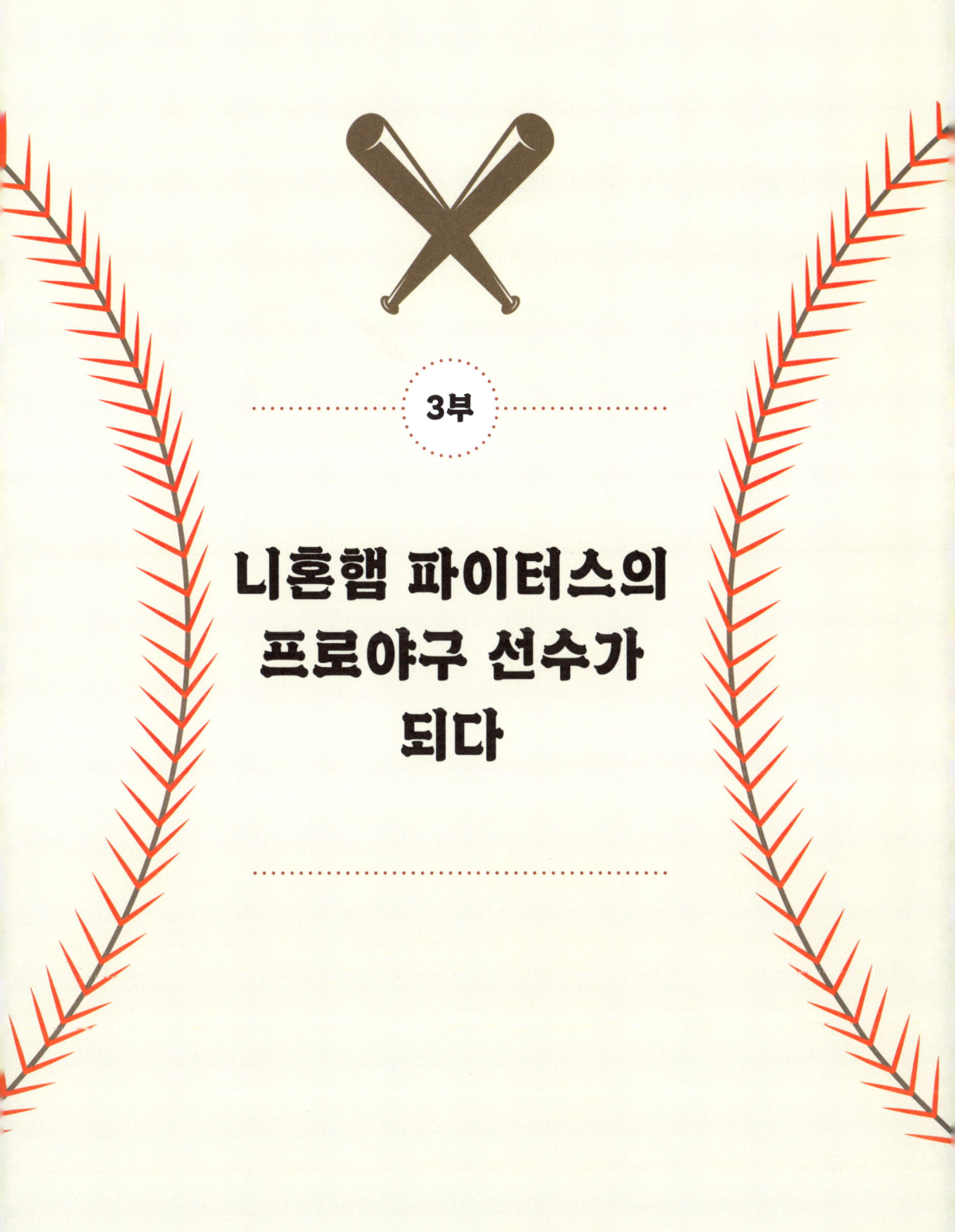

3부

니혼햄 파이터스의
프로야구 선수가
되다

메이저리그 진출을 선언하다

☀️   당시 160킬로미터를 던지는 고교생 오타니의 등장은 일본을 들썩이게 했습니다. 오타니가 고1 때 작성한 만다라트 계획표 8개 프로구단으로부터 지명받기와 160킬로미터 던지기는 이뤄졌습니다. 8개 프로구단 지명은 일본보다 상위 클래스인 미국의 보스턴 레드삭스, 텍사스 레인저스, LA 다저스 등 다수의 메이저리그 팀들이 러브콜을 보냈습니다.

2021년 10월 21일 오타니는 기자회견을 열고 메이저리그 진출이라는 폭탄 선언을 합니다. 왜냐하면 일본 프로 야구 신인 드래프트를 4일 앞둔 시점이었기 때문입니다.

이 폭탄 선언은 전 대회에서 꼴찌여서 드래프트 1순위 지명을 앞둔 니혼햄에게는 청천벽력 같은 사건이었습니다. 이때 니혼햄은 오타니를 1순위로 그대로 지명했습니다. 그리고 아직 19세인 오타니가 미국 마이너리그에서 시작할 불안한 미래를 감성적으로 접근하는 설득전략을 짰습니다. 작은 마을에서 경기를 하고 기나긴 버스 여행을 하는 루키리그부터 시작하는 삶을 담은 비디오로 설득하는 것과 동시에, 오타니가 흠모하는 다르빗슈 유가 달았던 등번호 11번을 주기로 했습니다. 그리고 또 한 명의 인생의 스승인 구리야마 감독이 투수와 타자로 뛸 수 있는 이도류를 제안했습니다.

오타니는 미국 메이저리그에 진출하느냐, 일본 프로야구에 남느냐를 두고 고민했습니다. 오타니는 어느 곳을 결정했을까요.

드디어 니혼햄의 프로야구 선수가 되다

 2012년 12월 9일 오타니는 일본 프로야구 니혼햄 파이터스에 입단식을 했습니다. 그때 입단 소감으로 "투수와 타자, 양쪽 모두 열심히 하겠습니다."라고 말했습니다. 이도류의 시작을 알리는 출사표이자 역사의 한 페이지를 장식하는 순간이었습니다. 아마추어 선수 때 종종 투타 겸업 선수는 존재해왔지만 프로야구 입단식에서 공식적으로 겸업을 선언한 경우는 세계에서 처음이었습니다. 이를 이도류라고 하는데, '도'자는 칼을 의미합니다. 일본은 사무라이들이 칼을 잘 쓰는 국가였습니다. 이도류는 양손으로 칼을 잘 다루는 무사를 의미합니다. 이런 전통적 배경 속에 투수와 타자, 양쪽을 다 도전하겠다는 선언이었습니다. 투수와 타자는 사용 근육이 다르다고 합니다. 그러기에 투수는 4,5일마다 간격을 두고 던져야 하고, 타자는 매일 경기를 할 수 있습니다. 그런데 투수로 공을 던지고 다음 날 타자로 등장하니, 만화에서나 나오는 선수인 셈이지요. 오타니가 '만화를 찢고 나온 남자'라는 별명을 갖게 된 배경입니다.

오타니가 니혼햄 입단으로 마음을 바꾼 결정적 계기는 구리야마 감독이 이도류의 보장을 제안했기 때문이었습니다. 그리고 오타니 어머니의 현실적 조언도 니혼햄 입단의 큰 힘이 되었습니다.

구리야마 감독은 전직 대학교수 출신으로 니혼햄 감독으로 부임한 지 2년 차인 신인감독이었습니다. 구리야마 감독이 오타니에게 투수와 타자를 맡긴 것은 우연이 아닙니다. 구리야마 감독은 프로야구 선수를 거쳐 야구 해설가를 하고 유소년 야구 보급에도 노력한 바 있습니다. 또한 8년간 경영학과 교수를 했던 독특한 이력이 있습니다. 경영학 교수를 하다 프로야구 감독을 맡는다는 것. 그의 장점은 창의성에 있었습니다. 그러기에 경기 중 포수를 유격수와 3루수에 기용하기도 했습니다.

이런 감독의 이도류 제안으로 일본에 남은 건 오타니에게 행운이었습니다. 고등학생 시절 사사키 감독을 만나 인성과 야구의 기본을 배운 것처럼, 구리야마 감독을 만나 만화 속 주인공으로 차츰 다가서고 있었습니다. 구리야마 감독이 우선 오타니에게 주문한 건 긍정적인 사고를 갖는 것이었습니다. 투타 겸업을 선언하자 감독과 선수에 대한 비난이 여론과 인터넷 기사 댓글에 도배되었습니다. 오타니가 스타병에 걸렸다거나, 경험 없는 구리야마 감독이 신인 선수를 망친다고 난리가 났습니다. 구리야마 감독은 주위의 부정적인 여론에 흔들리지 않았습니다. 감독 역시 초임이라 의욕과 열정이 풍부했습니다. 오타니라는 천재에게 자신의 역량을 쏟아부었습니다. 타자와 투수를 모두 해낼 역작을 세상에 내놓겠다는 목표가 있었기 때문입니다. 편견이 있는 감독이었다면 이도류의 탄생은 없었을지도 모릅니다. 메이저리거들은 체격적이나 기술적으로도 훨씬 나은데 왜 이도류를 안 하겠냐고 비난하고 비웃었습니다. 이런 부정적인 여론에도 구리야마 감독과 오타니는 스프링 캠프 기간 동안 투수 훈련과 타격 훈련을 체계적으로 이어갔습니다. 어쩌면 감독이 학구적이라서 가능했는지 모릅니다. 구리야마 감독과 오타니는 투수와 타자의 두 근육을 동시에 쓰니 부상 방지에 심혈을 기울였습니다. 조심스럽게, 철저하게 스프링 캠프를 준비하고 드디어 2013년 일본 프로야구 개막을 맞이하였습니다.

2013년 일본 프로야구와 개막전 선발명단에 들다

☀️ 언론과 팬들의 지대한 관심 속에 2013년 일본 프로야구가 개막했습니다. 뉴스메이커였던 오타니는 타자로서 개막전 명단에 이름을 올렸습니다. 고등학교를 막 졸업한 신인이 1군의 개막경기 선발 명단에 오른다는 건 굉장한 뉴스였습니다. 더군다나 미국에 진출한 다르빗슈 유가 쓴 11번을 달았습니다. 너무 성급한 결정이라는 반대여론도 있었으나 구리야마 감독이 얼마나 오타니의 천재성을 믿고 있었는지 알 수 있는 대목입니다. 타자 오타니는 우익수로

출전하며 2안타를 치고 1타점으로 성공적인 데뷔전을 치렀습니다. 몇 게임 뒤의 성적은 39타수에서 3할 7리로, 타격에 재능을 드러내기 시작했습니다. 야간에 경기하는 1군과 가까운 2군 야구장에서 오전에 투구 훈련을 하고 밤에 타자로 뛰는 경기를 하면서 고졸 신인이 낸 성적치고는 훌륭했습니다.

스프링 캠프를 거치면서 오타니는 잘 적응하며 개막전 선발출장이란 굉장한 사건을 만들어 냈습니다. 드디어 5월 23일 니혼햄 파이터스의 오타니는 야쿠르트 스왈로스전에 투수로 등판했습니다. 오타니는 6이닝 2점을 기록하고 내려왔습니다. 데뷔전에서 퀄리티 피칭을 하고 내려온 것입니다. 투수로 데뷔가 늦어진 이유는 4월에 발목 인대를 부상당해 회복을 하는 데 시간이 걸렸기 때문입니다.

데뷔한 첫 해인 2013년 오타니는 투수로 13경기에 나가 61과 3/3이닝을 던지며 3승 무패 4.23의 평균자책점을 기록했습니다. 타자로서는 0.238 타율과 3개의 홈런과 20개의 타점을 남겼습니다. 기대보다는 다소 아쉬운 성적이었지만 올스타에도 선정되었고, 신인상으로 2등을 했습니다. 아이러니한

건 일본에서 못 받은 신인상을 2018년 메이저리그에 진출해서 아메리칸리그 신인상을 받은 것입니다.

2014년 오타니의 두 번째 시즌이 밝았습니다. 이제 훈련과 식단관리로 체력관리 요령도 생긴 오타니가 외야수로 나서기보다 수비를 안 하는 지명타자로 출전하기 시작했습니다. 오타니는 개막전에 선발 투수로 서는 영광의 순간이었습니다. 개막 후 폭풍의 기세로 투수로서 6연승을 거두었습니다. 그리고 구속도 163킬로미터를 찍었습니다.

그해 성적으로 눈에 띄는 건 10-10 달성입니다. 이런 숫자는 타자가 10홈런-10도루를 의미하지만 오타니에게는 다른 의미였습니다. 2014년 오타니는 타자로서 212타수 2할 7푼 4리에 홈런 10개를 쳤습니다. 투수로는 155이닝 1/3을 던져 11승 4패 평균자책점 2.61을 거두었습니다. 오타니에게 10-10의 의미는 타자로 10홈런, 투수로도 11승을 거두며 그가 일본 프로야구 역사상 최초의 선수가 되었습니다.

이때부터 오타니는 '일본의 베이브 루스'로 불리기 시작했습니다. 오타니의 존재는 태평양 건너 미국 땅에서도 관심을 갖기 시작했습니다. 이때 오타니의 나이 고작 스무 살이었습니다. 그런 오타니에게 기회가 찾아왔습니다. 일본과 미국의 정규시즌을 마치고 양국의 올스타팀을 만들어 친선 국가 대항전을 치렀습니다. 정식대회는 아닌 이벤트 대회라지만 양국의 올스타팀으로 대결했습니다. 오타니는 선발 투수로 나와 스타들이 4이닝 동안 7삼진을 잡고, 2실점을 했지만 최고 구속 161킬로미터까지 나왔습니다.

그때 함께 경기한 메이저리그 선수들에게 오타니는 확실한 눈도장을 찍었습니다. 프로 입단 전에도 메이저리거 스카우트들의 리스트에 있던 오타니는 이제 미국 진출이 기정사실이 되었고 시간만 남은 셈이었습니다.

2015년의 프로 3년 차 오타니, 다르빗슈 유에게 배우다

오타니는 이제 3년 차 프로 야구선수로 맞는 시즌이 시작되었습니다. 이 시즌은 타자보다 투수로서 두각을 보였습니다. 타자로서 0.202 타율에 홈런도 5개에 그쳤는데 109타석만 소화했습니다. 포지션은 지명타자석에만 들어섰습니다. 하지만 투수로는 특급투수 반열에 올랐습니다. 22경기에 선발로 나와 160이닝 2/3를 던지고 15승 5패에 2.24평균자책점을 남겼습니다. 196탈삼진을 올려 투수로서 한층 성장했습니다. 당연히 올스타전에도 선발되었습니다. 올스타전과 후반기 리그를 잘 마무리하고 오타니는 11월 8일 삿포로돔에서 WBSC 프리미어 대회에 일본 국가 대표로 선발되었습니다. 3년 전에 한국에서 5, 6위 결정전에서 7이닝을 호투하고 진 기억이 있어 각오를 다졌습니다. 각오한 대로 한국전에 두 차례에 등판해서 13이닝 동안 안타는 3개만 허용하고 삼진을 21개나 잡아냈습니다. 괴물투수의 탄생이었지만, 극적으로 한국의 우승으로 끝났습니다. 낯선 국가 선수들과의 선의의 경쟁은 좋은 추억으로 남았습니다.

그해 겨울 니혼햄 구단은 텍사스 레인저스에 뛰고 있는 메이저리거 다르빗슈 유를 초빙했습니다. 같은 니혼햄에서 뛰다 오타니가 입단할 메이저리그에 먼저 진출한 다르빗슈 유는 오타니의 우상이었습니다. 겨울 동안 오타니는 다르빗슈 유와 함께 운동을 했습니다. 비시즌 동안 몸 만들기와 적합한 식단에 대해 배웠습니다. 운동과 식단 조절로 오타니의 몸 상태는 훨씬 좋아졌습니다.

설레임을 안고 2016년 개막을 기다리다

 오타니는 메이저리거 다르빗슈 유와 함께한 시간은 자신감과 새로운 목표를 세우게 되는 계기가 되었습니다. 기대대로 오타니의 2016년은 최고의 해가 되었습니다. 2016년 투수 오타니는 변함없이 강력했습니다. 오타니는 부상으로 두 달을 통째로 쉬었음에도 140이닝을 던져 10승 4패, 방어율 1.86이었습니다. 안타를 고작 89개만 허용하고 삼진을 174개나 잡았습니다. 압도적인 투구였습니다. 그리고 타자로서도 일취월장했습니다. 타율 0.322를 기록하고 홈런도 22개를 쳤습니다. 이제 오타니는 투수와 타자, 양쪽 모두 MVP급 특급성적을 거두었습니다.

한 가지 재미있는 사건은 지명타자로만 나간 타자가 아니라 투수로 등판하는 날에 지명타자로도 타석에 섰다는 점입니다. 투수와 타자를 프로야구에서 한 사람이 하루에 동시에 했다는 의미입니다. 리틀 야구에서나 가능했던 일이 프로야구에서도 일어났습니다. 만화 같은 일이 현실이 되었습니다.

이런 만화 같은 오타니의 활약 속에 만년 하위팀 니혼햄은 일본 시리즈 우승을 차지하게 되었습니다. 당연히 오타니는 MVP에 선정되었습니다. 그리고 투수와 타자, 양쪽으로 베스트9에 선정되었습니다. 2013년에 입단해서 매년 투수와 타자로 성장해서 MVP에 올랐습니다. 정상급 실력이 될 즈음 팀도 티 우승이란 결실을 맺은 것입니다.

고교 졸업 후 메이저리그에 곧장 직행하려는 오타니를 이도류란 프로의 길을 제안한 구리야마 감독의 창의적인 선수 기용 능력과 준비가 없었습니다면, 이도류의 오타니는 존재하지 않았을 겁니다.

메이저리그 진출을 선언하다

2017년은 오타니에게 슬럼프의 해였습니다. 팀이 일본 시리즈 우승이란 결과를 이루자 새로운 목표가 필요했습니다. 작년 10월 치러진 재팬시리즈 도중 당했던 발목 부상이 오타니의 꿈의 진행을 주춤하게 만들었습니다. 부상은 2017년 3월에 열리는 WBC 대회 참가를 어렵게 만들었습니다. 이 대회는 메이저 사무국이 주관하며 4년마다 열리고 세계 최고의 국가 대항전이었습니다. 초등학생 시절인 2006년 WBC 대회에서 오타니는 일본이 이치로의 맹

활약으로 우승하는 모습을 TV로 시청한 기억이 남아 있었습니다. 어릴 적 우상이던 천재 야구선수 이치로는 WBC가 열리기 몇 주 전 대회 불참을 선언했습니다. 국제 대회에 뛰는 모습을 보고 싶어 했던 팬들이나 오타니도 무척 속상해했습니다.

그렇게 2017년 개막을 맞이했으나, 오타니는 4월에 허벅지 부상을 당해 6월까지 회복하느라 경기에 나가지 못했습니다. 다행히 여름이 지나면서 원래 오타니의 실력을 되찾았습니다. 그해 성적은 투수로는 25이닝과 1/3을 던져 3승 2패 0.320의 평균자책점을 기록해 기대에 미치지 못했으나, 타자로는 65경기에 출전해 0.332의 고타율에 8개의 홈런을 쳤습니다.

일본 프로야구에서 5년간 이도류가 통한다는 사실을 실력으로 보여준 오타니는 새로운 선택을 결정했습니다. 2017년 11월 오타니는 니혼햄 구단에게 메이저리그 진출을 알리며 새로운 도전을 응원해 달라고 요청했습니다. 지인들은 만류를 했지만, 그들의 마음을 오타니가 모르는 바는 아니었습니다. 왜냐하면 한일 야구 협정으로 지금 가면 고작 50만 달러로 계약해야 하는데, 일본에서 2년만 더 뛰고 미국 메이저리그에 가면 최소 2000만 달러 이상 연봉 계약도 가능했기 때문입니다.

다들 오타니의 메이저리그 진출을 의아해했습니다. 좀 더 준비해서 충분한 대우를 받으며 가서 일본 프로야구의 자존심을 지켜달라는 팬들의 원성이 자자했습니다. 오타니의 고민도 깊어졌습니다.

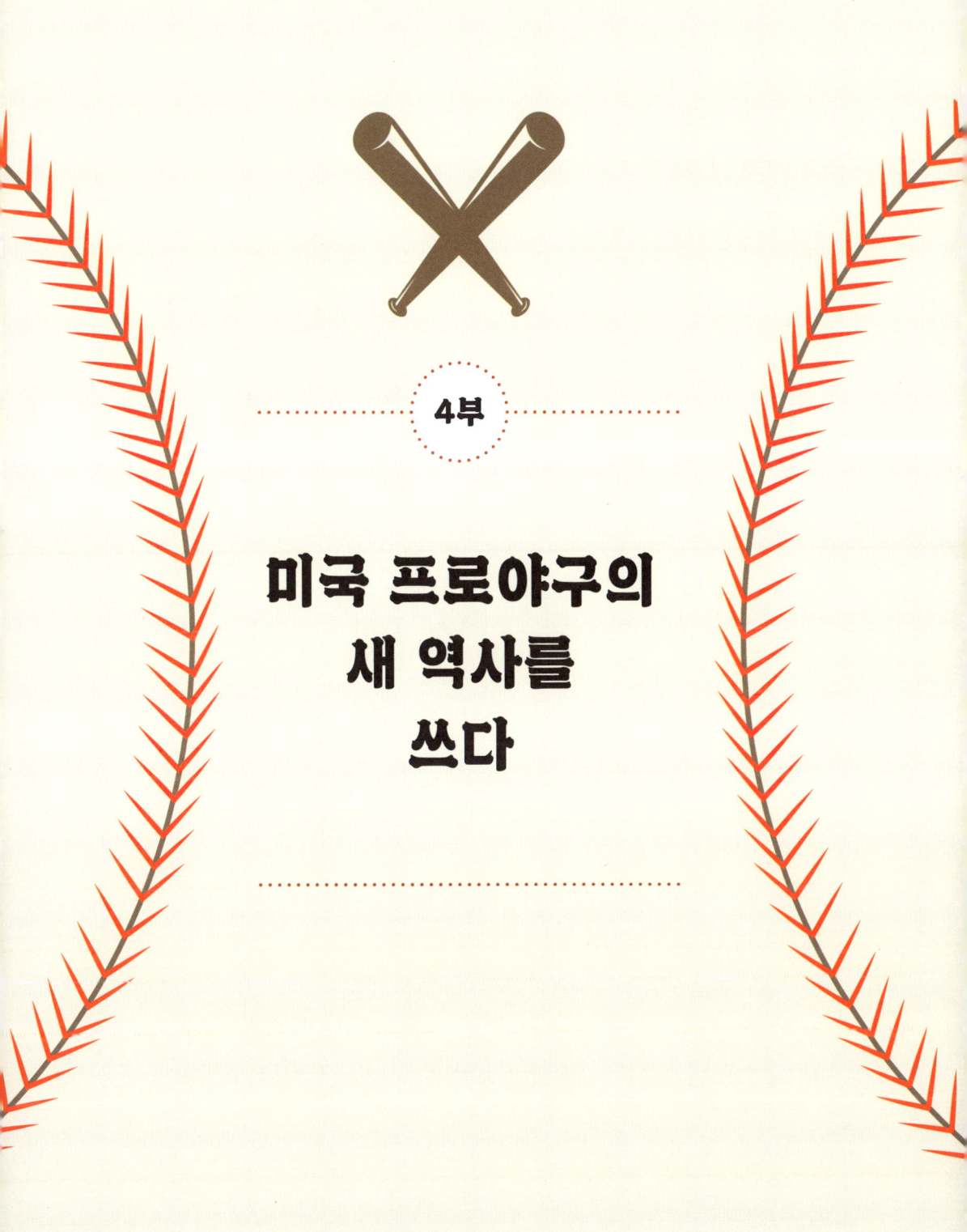

★ ★ ★ ★ ★ ★ ★ ★ ★ ★ ★ ★

꿈을 찾아
메이저리그로

 니혼햄 구단은 오타니의 미국 진출을 어렵지 않게 허락했습니다. 5년 전에 미국 직행을 만류할 때, 오타니가 미국 진출을 결심하면 도와주겠다고 약속했기 때문입니다. 그리고 미국 진출 전 니혼햄에게 재팬시리즈 우승이란 선물을 오타니가 MVP 활약으로 선물했기에 흔쾌히 허락했습니다.

2018년, 24세의 오타니는 "돈은 문제가 되지 않습니다."라고 말하며 꿈을 찾아가겠다고 선언했습니다. 오타니의 빅리그 선언은 태평양 건너 미국에도 대형 폭탄 투하 같은 낭보였습니다. 즉각 27개 구단이 오타니 영입을 선언하며 영입 전쟁이 시작되었습니다. 오타니에게 니혼햄처럼 영입 시 유리한 입단 프레젠테이션을 구단 관계자들이 러브콜을 보내왔습니다. 그리고 곧 27개 구단에서 7개 구단으로 후보가 좁혀졌습니다.

오타니의 에이전트인 발레로는 7개 구단에 오타니 영입 시 그의 재능을 꽃피울 방안을 제시하라고 했습니다. 오타니였기에 선수가 팀을 고르는 일이 벌어졌습니다. 콧대 높은 메이저리그 팀들도 잠자코 있던 이유는 오타니가 이도류라는 스타성과 새로운 포스팅 시스템으로 2년 먼저 온 오타니 영입에 많은 돈을 들이지 않더라도 큰 수익이 발생할 거라 예상한 현실적인 이유 때문이었습니다.

치열한 오타니 쟁탈전 끝에 LA에인절스가 주인공이 되었습니다. 공식적인 포스팅 규정에 따라 최대 계약금 231만 5000달러(약 30억 원)과 당시 최저 연봉인 54만 5000달러(약 7억 원)

로 계약했습니다. 2년만 있으면 2000만 달러 연봉 계약도 가능하다는 전문가의 전망을 뒤로 한 채 24세의 오타니는 돈보다 꿈을 위해 태평양을 건넜습니다.

2018년 설레는 봄 스프링 캠프가 시작되었습니다. 스프링 캠프란 봄 정규시즌이 열리기 전 신인과 주전 선수의 공개훈련입니다. 오타니는 그때 모습을 드러냈습니다. 일본 취재진에게 일거수일투족이 관심 포인트였습니다. 오타니보다 먼저 메이저리그에 진출한 선배들이 많았지만, 이도류 선수는 처음이었습니다.

스프링 캠프가 열리면서 오타니는 타자와 투수로 모습을 선보였습니다. 기대가 크면 실망이 크다는 말이 있습니다. 미국식 스프링 캠프는 일본과 다르게 배팅 연습이 다르고, 처음 보는 투수와 타자들을 접해 보니 낯설고 적응에 시간이 걸리는 듯했습니다. 특히 타격에서는 많은 비난을 쏟아냈습니다. 오타니는 당시 초청선수여서 마이너리그로 강등될 수도 있었습니다. 그리고 오타니가 뉴욕 양키스나 LA다저스 소속이라

면 역시 마이너리그로 갔거나, 타격이 부진하니 타자를 포기하고 투수로 전념하라고 했을 겁니다. 타자로 10경기에 나와 28타수 3안타 3볼넷 9삼진, 투수로는 공식 경기에서 2이닝 2/3 8자책점 방어율 27.00으로 처참한 수준이었습니다.

이러자 오타니를 향한 비난이 폭주했습니다.

"우리가 바보라서 투타를 못하는 게 아니야. 메이저리그는 일본 리그와 달라서 겸업은 애초부터 불가능하다."

그리고 미국의 한 스카우터는 "타격은 고등학생 수준"이라며 오타니를 비웃었습니다. 오타니도 적응하려 애썼습니다. 기존 타격폼인 다리를 차는 동작을 버리고 발꿈치로 땅을 가볍게 차면서 타격하는 자세로 연습했습니다. LA에인절스 구단은 스프링 캠프 경기는 단지 시범 게임뿐이라고 크게 개의치 않는다는 입장을 보였습니다. 일반 야구 팬들이 보기에도 타자로 10경기에 나와 3안타, 투수로도 방어률 27.00. 아무리 시범경기라도 처참한 수준이었습니다. 하지만 오타니는 속으로 결심합니다.

"시범경기는 시범이야. 진짜 야구는 개막 후에 보여주겠어."

드디어
메이저리거가 되다

 오타니는 1920년 보스턴 레드삭스 조 부시 선수와 브루클린 다저스의 미첼 선수 이래로 개막전 10경기에서 선수와 타자로 출전한 최초의 선수가 되었습니다. 148년 야구역사를 자랑하는 미국 역사에 1920년은 초창기였는데, 오타니는 초창기 야구 역사를 소환하며 역사 속의 인물들을 깨어나게 했습니다. 이제 자신이 그들보다 더 위대한 역사를 쓰려고 첫발을 내디뎠습니다.

오타니의 타격 수준을 고등학생이라 평가 절하한 스카우터도 있었지만, 한 달도 안 되어 오타니는 첫 홈런을 쳤습니다. 클리브랜드 인디언스의 수준급 투수인 조시 톰린을 상대로 1회에 오른쪽 담장을 넘기는 3점 홈런을 쏘아 올린 것입니다. 홈런을 치고 선수들이 있는 더그아웃으로 들어왔는데 아무도 축하를 해주는 사람이 없었습니다. 오타니는 어리둥절해하는 순간, 선수들이 엄청 기뻐해주었습니다. 메이저리그 전통은 첫 홈런에는 모른 척하다 축하해주는 것이었습니다.

그리고 그 주 일요일에 오타니는 투수로 마운드에 올라갔습니다. 4만 명이 넘는 홈 관중들이 오타니의 투구를 보려고 찾아왔습니다. 오타니는 7이닝 동안 12개의 삼진을 잡고, 볼넷 하나와 안타도 한 개만 허용했습니다. 1주일 안에 홈런 친 선수가 투수로도 7이닝 무실점을 던진 투수, 오타니가 등장한 것이었습니다. 이런 활약으로 아메리칸리그의 '이 주의 선수'가 되었습니다. 오타니는 수준 이하라고 했던 모든 사람에게 충격을 던진 데뷔 시즌을 이어가고 있었습니다. 4월에는 타자로서 타율 0.341에 홈런 4개를 쳤습니다. 투수로는 2승 1패였습니다.

2018년 5월 오타니는 시애틀 매리너스와 경기를 앞두고 마음이 설레기 시작했습니다. 이유는 오타니의 어릴 적 영웅 스즈키 이치로와 투수로서 그와 대결을 앞두고 있었습니다. 이치로는 오타니가 초등학교 때 메이저리그에 진출해서 MLB 경기에서만 3000 안타를 쳐낸 슈퍼스타이자 레전드가 된 대타자였습니다. 취재진들도 모두 두 슈퍼스타의 맞대결을 보고 싶어했습니다.

하지만 소문난 잔치에 먹을 게 없다고, 이치로는 아쉽게도 경기에 출전하지 않았습니다. 당시 44세인 스즈키는 주전 명단에서 빠졌던 것입니다. 그는 은퇴를 준비하며 남은 경기에 출전하지 않았습니다. 그래도 오타니와 이치로는 팀의 경쟁을 떠나 많은 이야기를 나누었습니다. 스물한 살 나이 차는 별로 중요하지 않았습니다. 과거의 천재와 미래의 천재의 만남이었습니다. 오타니는 이치로가 지켜보는 가운데 6이닝 2실점으로 퀄리티 피칭으로 훌륭한 경기를 보여줬습니다.

이쯤 오타니는 타격폼 수정을 진지하게 고민하게 됩니다. 팀 타격 코치가 한쪽 다리를 들어 올려서 하는 오타니의 레그킥 타격을 바꾸자고 제안했습니다. 한 발 들었다가 내리며 치는 자세는 발을 내딛을 때 힘을 주니 파괴력이 세서 장타를 만들어 낼 수 있지만, 내딛을 때 공을 맞추는 타이밍을 정확히 맞추기가 어렵다는 단점이 있습니다. 오타니는 키가 193센티미터나 되니 코치는 파워는 충분한 것으로 보고 굳이 레그킥이 필요 없을 것 같다고 제안했습니다.

오타니는 시즌 중 타격폼 수정이란 중대한 변화를 담담히 받아들였습니다. 그리고 바로 연습에 들어갔습니다. 그리고 마치 수정을 기다렸다는 듯이 레그킥과 이별했습니다. 이는 오타니에게 몇 년 후의 미래를 바꾸는 중요한 순간이기도 했습니다.

그리고 2주 뒤 에인절스 스타디움에서 타격연습을 해봤는데, 공은 무려 158미터를 날아가 전광판 상단을 때렸습니다. 5월 하순에 뉴욕 양키스와 경기가 예정되어 있었는데, 이때 양키스에 또 다른 에이스 일본인 투수 다나카 마사히로의 등판이 예정되어 있었습니다. 현지 일본 팬들은 흥분했습니다. 언론도 일본인 특급 선발의 맞대결을 크게 다루고 있었습니다. 하지만 오타니는 아쉽게 등판을 못했습니다. 오타니의 부상 때문이었습니다. 사실 투수와 타자를 한 사람이 한다는 건 애초부터 인체의 순리를 거스르는 행동이기는 합니다.

148년의 역사를 가진 MLB에서 전 세계의 야구 천재들이 모여 있습니다. 베이브 루스를 제외하고 투수와 타자를 병행한 선수가 없던 이유가 있지 않았을까요. 그 천재 베이브 루스마저 몇 년만 하고 타자에 집중했다고 합니다. 오타니는 고2 때 부상을 당해 투수를 못한 적이 있었고 니혼햄 파이터스에서 뛰던 2018년 4월 허벅지 부상을 당한 적이 있었습니다. 그래서 그 달에 타자로도 투수로도 뛸 수가 없었습니다.

오타니는 6월 6일 에일전스 홈구장에서 캔자스시티 로열스와 경기 때 마운드에 올랐습니다. 1회부터 159킬로미터를 던지며 순조롭게 출발했습니다. 그러나 3회부터 빠른 볼이 150~154킬로미터로 속도가 줄었습니다. 그리고 그 이닝을 마치고 물집이 생겨 오타니는 더 이상 마운드를 오를 수 없었습니다. 물집은 4월 달에도 있었고, 일본에 있을 때도 말썽을 부린 적이 있어 대수롭게 생각하지 않았습니다. 그렇게 마운드에 선 오타니를 꽤 오랫동안 볼 수 없을 줄은 아무도 몰랐습니다.

2018 아메리카리그
신인상 수상하다

 　　　　　　　　투수와 타자를 하는 오타니에게 부상은 운명을 짊어지고 극복해야 할 어려움이기도 했습니다. 니혼햄의 구리야마 감독은 오타니를 데려가는 에인절스 코치진에게 활용 가이드라인을 알려준 바 있습니다. 투수 오타니는 최소 6일은 쉬고 마운드에 서야 하고, 타자 오타니는 투수 등판 전날이나 다음 날에는 출전하지 않기를 바란다고 조언했습니다.

　오타니의 부상에 에일전스 구단은 투수는 쉬고 타자로만

뛰게 했습니다. 부상 후 한 달이 흘러 7월 3일 시애틀의 경기에서 돌아왔고, 8월 3일에는 잊지 못할 인생 경기를 치렀습니다. 그날 클리브랜드의 경기에서 오타니는 홈런 두 개를 포함해서 4타수 4안타의 맹타를 터뜨렸습니다. 오타니는 이 경기 후 홈런 10개를 쳤고, 투수로도 50개의 삼진을 잡아낸 최초의 선수가 되었습니다. 베이브 루스도 세우지 못한 기록이었습니다. 부상에서 완전히 회복한 건 아니었지만, 49이닝 1/3를 던져 61개의 삼진을 잡아낸 것입니다.

그리고 오타니는 계속 시뮬레이션을 통해 투수 훈련을 했습니다. 9월 2일에는 휴스턴전에 투수로 등장했습니다. 과연 투수로서 오타니는 어땠을까요? 3회 투아웃까지 잡고 다시 마운드를 내려와 사람들의 이목을 끌었습니다. 10월 1일 오클랜드와의 경기에서 9회 마지막 타석에서 안타를 치면 밝은 내년 시즌을 기약했습니다. 오타니는 투수로서 4승 2패 평균자책 3.31과, 타자로서 326타수에 타율은 0.285, 22개의 홈런을 때렸습니다.

오타니는 그해 아메리칸리그 신인상을 수상했습니다. 일본에서도 받지 못한 신인상을 미국에서 받은 것입니다. 오타니는 10월 1일 오틀랜드전 마지막 타석에서 안타를 쳤지만, 팔꿈치 수술을 하고 2019년에는 타자로만 뛰었습니다. 팔꿈치 부상은 어느 정도 영향을 미쳐서 18개의 홈런을 쳤습니다. 그중에도 6월 13일 템파베이와의 경기에서 사이클링 히트를 달성했습니다. 오타니는 첫 타석에서 3점 홈런을 날렸고 3회에는 2루타를 쳤습니다. 그리고 5회에 3루타를 쳤고 네 번째 타석에서는 드디어 1루타를 쳤습니다.

일본 프로야구에서 뛴 5년간 한 번도 이루지 못한 사이클링 히트라는 대기록을 메이저리그에 진출한 지 2년 만에 달성한 것입니다. 이치로와 마쓰야마 히데키 등 뛰어난 일본 타자 중 누구도 이루지 못한 최초의 사이클닝 히트 기록 달성이었습니다. 데뷔한 해에 신인상과 10홈런과 50개 삼진을 잡은 최초의 기록이 우연이 아님을 증명한 해이기도 했습니다.

오타니가 가는 길에는 그가 기록의 사나이가 될 조짐이 보이기 시작했습니다. 9월 12일 시즌 종료를 20여 일 앞두고 전해의 팔꿈치 토미존 수술에 이어 무릎 수술을 하기로 했습니다. 사실 무릎은 2019년 스프링 캠프 때부터 불편함을 느끼기 시작했고, 불편함을 참고 경기에 뛰다가 드디어 9월에 수술을 결정한 것입니다. 그의 팀 에인절스도 90패를 당한 우울한 시즌이었습니다. 오타니도 지치고, 이 팀에서는 플레이오프 진출이 힘들겠다는 실망이 차츰 자리잡기 시작했습니다.

2020년 코로나가 세상을 뒤덮다

 2020년 전 세계가 코로나19의 위험에 휩싸였습니다. 프로야구뿐만 아니라 모든 스포츠가 멈추었고, 무관중 경기가 등장했습니다. 코로나19 팬데믹 사태에 MLB 사무국은 시즌을 60게임으로 단축해서 치른다고 발표했습니다. 한 번도 겪지 못한 어려운 시즌을 보내는 동안 오타니는 7개의 홈런에 그쳤습니다. 그래도 의미 있는 시도도 있었습니다. 7월 26일 오타니는 오클랜드와의 경기에서 등판했습니다. 693일 만에 정규시즌 마운드에 선 것입니다. 역시 텅 빈 무관중석이었습니다. 장내 방송과 가짜 관중의 함성이 들려왔습니다. 결과는 좋지 못했습니다. 마운드에 오른 오타니는 볼넷을 4개나 연거푸 내주고 밀어내기 1점을 주었습니다. 그리고 연속 안타를 맞고 2점을 내주었습니다. 감독은 더 이상 참을 수 없었는데, 오타니가 아웃카운트 한 개도 잡지 못했기 때문입니다. 빠른 볼도 149킬로미터로 수술 전의 156킬로미터보다 뚝 떨어졌습니다.

평균 1주일에 한 번씩 오타니는 투수로 마운드에 올랐습니다. 우리나라의 박찬호, 류현진 선수가 투수로도 타자로도 TV에 나온 모습을 기억할 겁니다. 아메리칸리그 에인절스는 내셔널리그 샌디에이고 원정경기를 떠났습니다. 원정팀은 홈팀 게임 규정에 따라 투수가 타자가 되어야 했습니다. 1회초 투구로 162킬로미터 공을 던지고 배트 속도 185.5킬로미터로 타자로 홈런을 쳤습니다. 그렇게 오타니는 부활의 신호탄을 쏘아 올렸습니다. 다음 날부터 오타니는 매일 경기에 나갔습니다. 9경기에 출전해서 0.333을 때렸습니다. 4월 12일 캔자스 시티와의 경기에서는 처음으로 2연전에서 3안타씩을 치며 완벽히 부활했음을 알렸습니다.

투수로 쉬는 동안 오타니는 타격이 더 잘 맞는다고 생각했고, 그의 방망이가 서서히 불을 뿜기 시작했습니다. 오타니는 투수로 나서기 전날에도 다음 날에도 지명타자로 나설 수 있었습니다. 같은 날에 공을 때리거나 던질 수도 있었습니다.

오타니는 주로 지명 타자로 나섰는데, 에인절스는 외야수로 오타니를 내보냈습니다. 니혼햄의 구리야마 감독이 부탁한 '오타니 사용설명서'가 조금씩 잘못 사용되는 느낌이었습니다. 오타니는 우익수를 뛰기 위해 따로 훈련해 본 적이 없었습니다. 에인절스는 오타니의 천부적인 운동감각을 믿는다고 했습니다. 사실 우익수 수비를 보다가 외야 펜스에 부딪혀서 부상을 당할 수 있었습니다. 거기다가 홈으로 강하게 송구를 하다보면 수술받은 팔꿈치 수술이 재발할 수도 있었습니다. 오타니는 뭔가 안 좋은 일이 생기는 것 같은 느낌이었습니다.

오타니는 올스타 게임을 앞두고 뉴욕 양키스 원정 게임을 하기 위해 떠났습니다. 3년 전 일본인 다나카 마사히로와 대결에 관심을 모았다가 부상으로 못 던진 일이 기억났습니다.

이번에는 투수로 꼭 던지고 싶었습니다. 모두 오타니의 쇼타임을 기대했습니다. 그러나 53개 공을 던지고 교체되었습니다. 빠른 볼이 143킬로미터에 그쳤기 때문이었습다. 2020년은 투타에서 폭망 수준이었습니다. 여론이 안 좋아졌습니다. 오타니의 투타 겸업을 중지해야 한다는 우려의 목소리가 들리기 시작했습니다. 그러나 새로운 감독 매든은 오타니의 이도류를 포기할 생각이 없었습니다. 그렇게 오타니에게 최악의 해인 2020년도 저물어 갔습니다.

폭발했던 2021년 오타니의 해

2021년 스프링 캠프가 시작되면서 매든 감독은 오타니의 부활을 장담했습니다. 우선 구속이 153킬로미터 이상 나오기 시작했습니다. 그리고 훈련이 좀 더 시작되면서 타격 훈련을 했는데, 타구 속도가 161킬로미터를 찍었기 때문입니다. 투타에 몸의 컨디션이 올라오고 있다는 증거였습니다. 오타니는 3월 시범 경기에서 홈런을 쳤습니다. 143미터 대형홈런이었고, 타구 속도가 무려 172킬로미터가 되었습니다.

드디어 스프링 캠프가 끝나고 2021년 3월 5일 시범경기를 치렀습니다. 오타니는 라이벌 오클랜드와 경기에서 투수 마운드에 섰습니다. 빠른 볼이 161킬로미터까지 나왔고, 상대한 타자 10명 중 5명을 삼진을 잡는 위력적인 투구였습니다. 이렇게 대박 조짐을 보면서 기대되는 정규시즌 개막이 다가왔습니다.

3월 21일 오타니는 샌디에이고 팀과 원정경기에 선발 투수로 등판했습니다. 특이한 건 투수로도 타자로도 출전했다는 겁니다. 에인절스 팀이 무리수를 쓴 건 아닙니다. 미국 프로야구는 아메리칸리그와 내셔널리그 양대리그로 나누어서 경기를 해서 양대리그 우승팀이 가을에 월드시리즈를 합니다. 그전에 양대리그는 서로 교환 경기를 합니다. 두 리그의 큰 특징은 아메리칸리그는 지명타자가 투수 대신 타격을 하지만, 내셔널리그는 투수가 타격을 해야 한다는 점입니다. 그때 오타니는 아메리칸리그 홈런 1위를 달리고 있는 선발 투수이기도 했습니다. 그는 홈런 1위 타자이자 선발 투수여서 자연스럽게

100년 전 베이브 루스를 또 불러내었습니다. 브루클린 다저스 소속이던 베이브 루스는 1921년 6월 13일, 오타니전처럼 뉴욕 양키전에 투수로 올랐습니다. 그때 베이브 루스는 홈런 1위였고, 1920년 이후 풀타임 투수가 아니라는 점이 오타니와 좀 달랐습니다. 그때 오타니는 많은 팬들의 기대를 받으며 마운드에 올랐으나 7실점을 내준 최악의 피칭을 했습니다. 그나마 팀이 11-8로 대역전극을 해줘 오타니의 부진을 막아주었습니다.

얼마 뒤 7월 14시에 올스타전이 열렸습니다. 전반기를 마친 그의 기록은 타율 0.279에 홈런 33개, 도루 12개였습니다. 홈런은 양대리그 전체 1위였습니다. 전반기를 끝냈는데 홈런 숫자가 33개라는 것은 엄청난 숫자였습니다. 당연히 오타니는 올스타전에 선발되었습니다.

🌱 오타니, 투수와 타자로 올스타에 출전하다

더 놀라운 건 투수로도 올스타전에 참가한 사실이었습니다. 타자로는 팬 투표에서 2등보다 배 이상의 차이가 났습니다. 투수로는 13번 선발 등판해서 67이닝을 던져 4승 1패 평균자책점 3.49였습니다. 선발을 13번 등판했다는 건 거의 거르지 않고 마운드를 지켰다는 걸 의미합니다. 그만큼 아프지 않다는 이야기입니다. 승수는 살짝 아쉬웠지만 올스타에 뽑히는 게 이상하지는 않았습니다. 더군다나 선발 투수로 내셔널리그의 최고 투수인 맥스 슈어저와 대결하게 되었고, 타자로는 선두 타자로 나섰습니다. 오타니는 타자와 투수로 동시에 올스타전에 출전하는 최초의 선수가 되었습니다.

올스타전 전날 스타 선수들과 장타 선수들이 참가하는 홈런 더비에 오타니도 참가했습니다. 33개의 홈런 선두이니 참가는 당연하지만, 부상 이력이 있는 오타니이기에 신중을 기했습니다. 올스타전은 올스타 게임 전날 진행하는 이벤트 게임으로, 미국 전 지역에 중계됩니다. 그리고 우승자에게 100만 달러의 우승상금이 주어집니다. 상금도 그렇지만 올스타전 전날 행사다 보니 선수들이 흥분해서 부상을 입는 경우가 종종 발생합니다. 우리나라 선수들도 올스타 홈런 더비에 참가하고 후반기를 부상으로 망치는 경우가 발생하기도 합니다.

당연히 미국에서도 흔한 일입니다. 그러나 당시 매든 에인절스 감독도 오타니를 더 드러낼 기회라 생각했습니다. 감독의 허락에 오타니는 며칠을 고민하다, 미국 진출 이후 처음으로 올스타전 홈런 더비에 참가했습니다. 그 또한 홈런 더비에 참가한 최초의 일본인 기록을 새로 썼습니다. 내심 우승을 기대했으나 강타자 후안 소토에게 연장전을 치르는 접전 끝에 아쉽게 탈락했습니다. 그래도 수많은 관중과 미국 전역에 오타니의 존재감을 제대로 보여준 사건이었습니다.

다음 날 열린 올스타전. 메이저리그 사무국은 이도류의 오타니 출전을 영어와 일본어로 30초짜리 광고로 만들어 내보냈습니다. 그리고 MLB 뉴욕 본사 한 면에는 오타니의 커다란 사진을 걸어두었습니다. 그만큼 오타니의 투타 동시 올스타전 출전의 의미는 대단한 것이었습니다. 오타니는 그 어느 선수와 다르게 움직였습니다. 왜냐하면 투수로 불펜에서 몸을 풀다 더그아웃으로 간 뒤 배트를 들고 타석으로 향했습니다. 만화의 한 장면을 현실에 옮겨둔 모습이었습니다. 오타니는 최고 투수인 맥스 슈어저의 2구째를 강한 타구로 날렸으나

2루수 땅볼로 아웃되었습니다.

　잠시 뒤 오타니는 투수로 바로 섰습니다. 대개 선발 투수는 1이닝을 책임지면 되었습니다. 타티스 주니어, 맥스 먼시, 놀란 아레나도 등 당대 스타들을 단 14개의 공으로 간단히 요리하고 마운드를 내려왔습니다. 마지막 타자인 아레나도는 오타니의 161킬로미터 공을 두고 경이롭게 아름답다고 칭찬했습니다. 오타니는 2번째 타석에 들어섰지만 1루수 땅볼을 쳤습니다. 그렇게 오타니의 투타 임무가 끝났습니다.

　경기는 아메리칸리그가 내셔널리그에 5-2로 이기면서, 오타니는 승리투수가 되었습니다. 그날 리그가 다른 내셔널리그 선수들은 소문만 무성했던 투타를 하루에 다 하는 외계인 같은 오타니와의 경기에 소중한 경험을 한 눈빛이었습니다. 올스타 게임 48시간 동안 오타니는 최고의 스타였습니다.

🌱 오타니, 후반기에 131년 만의 기록을 세우다

　후반기에도 오타니는 변함없이 투수와 타자로 뛰며 변함없는 활약을 이어 갔습니다, 메이저리그는 시즌 종료 후 21세기 선수로는 최초로 트리플 100을 달성한 최초의 선수가 되었습니다. '트리플 100'이란 투수로서 100이닝 이상을 던지고 탈삼진 100개 이상을 잡고 안타를 100개 이상 치는 것을 말합니다. 이 중 뭐 하나 쉬운 게 없는데, 세 가지를 동시에 잘해야 가능한 기록입니다. 마치 육상의 철인삼종경기 챔피언에 비유할 수 있습니다. 초창기 야구에는 체계적이지지 않고 세련되지 않아 19세기는 6명이 트리플 100을 달성했다고 합니다. 그러나 21세기에는 오타니가 20세기를 뛰어넘어 131년 만에 트리플 100 주인공이 되었습니다. 오타니는 최종적으로 투수로서 130 1/3이닝을 던지고 156탈삼진 9승 2패, 평균자책점 3.18의 훌륭한 기록을 남겼고, 타자로서는 138안타에 100타점 46홈런을 쳤습니다. 시즌 종료 후 오타니는 만장일치로 아메리칸리그 MVP를 수상했습니다. 오타니는 비미국인이 올스타 이전 최다 홈런 33개를 친 선수이며, 단일 시즌 100개 이상 달성해 최다 홈런을 친 선수이기도 했습니다. 아시아인 최초 2연속 월간 MVP(6월, 7월) 수상 선수이기도 했습니다.

2년 정도 부상으로 힘들어하던 오타니는 다시 만나기 어려운 화려한 2021년 한 해를 보냈습니다. 많은 동양인들과 세계인들의 메이저리그에 진출했지만 20세기를 뛰어넘는 기록을 세운 건 오타니가 최초였고, 앞으로도 나오기 쉽지 않은 기록입니다. 왜냐하면 그냥 한 가지 기록이 아니라 타자와 투수로 모두 MVP급의 기록을 남겼기 때문입니다.

 메이저리거 오타니는 미국의 전국구 스타가 되었습니다. 미국의 미식 축구나 프로농구 같은 스포츠에 비해 프로야구는 대형 스타의 부재로 위기를 맞았다고 합니다. 세기를 뛰어넘는 오타니의 기록은 미국인들이 야구장으로 모이도록 만들었습니다.

투수로서 최정상급에 우뚝 서다

오타니는 2018년 팔꿈치 토미 존 수술을 받았습니다. 그리고 3년이 지나 2021년에 엄청난 부활에 성공한 오타니는 2022년에는 투수로서 좋아진 모습을 최고 구속으로 보여주었습니다. 꿈의 구속인 161킬로미터를 2021년에는 11번 던졌는데, 2022년에는 161킬로미터를 40번 찍었습니다. 이 숫자는 그만큼 몸 상태가 최고라는 뜻입니다. 2022년 시즌 개막 후 1개월이 지난 4월 20일 휴스턴과의 경기에서 6이닝까지 퍼펙트 게임을 보여주었습니다. 그리고 6월 22일에는 캔자스시티 게임에 등판해서 8이닝 무실점으로 막고 삼진을 개인 최다인 13개나 잡아냈습니다. 그 게임에서 주목되는 건 기록도 놀랍지만, 전날 타자로서 오타니는 홈런 2방을 치며 8타점의 최다 타점을 기록했는데 다음 날 투수로도 엄청난 기록을 세웠기 때문입니다. 이성적으로나 상식적으로나 설명이 잘 안 되는 오타니의 기이할 정도의 능력이었습니다. 기록 행진은 그의 끝이 아니었습니다.

9월 29일 오클랜드와의 경기에서는 8회 투아웃까지 노히트 노런을 유지했습니다. 노히트노런까지 아웃카운트가 4개 모자랐습니다. 아쉽게 노히트 게임은 무산되었습니다. 이런 활약 속에 오타니는 28경기에서 166이닝을 던져 15승 9패 평균자책점 2.33으로 최정상 투수로 우뚝 섰습니다. 타자로도 160안타에 타율 0.273, 34홈런 9.5타점을 남겼습니다. 오타니의 투수 성적이 워낙 훌륭해서 그렇지 타자로서 성적도 몹시 훌륭했습니다. 메이저리그에서 10개 홈런도 치기 어렵다는데, 오타니는 2연속 30개 이상 홈런을 친 최정상급 타자이기도 했습니다. 규정 이닝과 규정 타석을 2년 연속 달성한 것도 엄청난 업적입니다. 그때 오타니의 타자로서 천재성을 누른 스타가 등장했습니다. 62개의 홈런을 친 애런 저지였습니다. 상대리그인 내셔널리그의 배리 본즈, 새미 소사, 마크 맥과이어가 61개 이상 홈런을 쳤지만 공교롭게도 이들 모두 스테로이드 약물 투약으로 달성해서, 기록으로는 인정받질 못했습니다. 저지는 이들과 다르게 정당하게 경기를 했습니다.

애런 저지는 홈런 61개에, 타율 0.311, 타점도 131개를 기록했습니다. 애런 저지가 친 62개 홈런은 1961년 이후의 아메리칸리그 기록을 깨트렸습니다. 당연히 2020년 아메리칸리그 MVP는 애런 저지에게 돌아갔고, 오타니는 2위를 차지했습니다. 애런 저지의 등장. 오타니에게 베이브 루스 다음의 동시대 라이벌의 등장이었습니다.

일본을 WBC 야구대회 우승으로 이끌다

   2023년은 3월 프로야구 개막 전 이전 WBC 야구대회로 전 세계 팬들을 흥분하게 만들었습니다. 원래 2021년에 개최하려 했으나 전 세계 코로나19의 영향으로 지연되어 2년 뒤에 개최된 것입니다. 대회가 열리면서 세계 최강을 다투는 미국과 일본 중 누가 강할까에 관심이 쏠렸습니다. 미국에는 트라웃과 일본에는 오타니가 있었습니다. 공교롭게도 이 둘은 LA 에인절스의 동료이기도 했습니다. 이제 각자 나라를 대표해서 경쟁하는 관계가 되었습니다. 둘은 3월 스프링 캠프 때부터 최선을 다하자고 서로 응원하기로 했습니다. WBC 대회는 전 세계 20개국이 참가하는 최대 규모의 대회입니다.

오타니, 일본 대표로 금의환향하다

일본에 돌아갈 오타니는 마음이 설렜습니다. 왜냐하면 일본 대표팀 감독은 니혼햄 선수 시절의 구리야마 감독이기 때문이었습니다. 이도류로 키우겠다고 미국행을 멈추게 한 구리야마 감독이야말로 오타니에게 진짜 스승이자 은인이었기 때문입니다. 당연히 일본 팬들은 2017년 오타니를 보고 6년 만의 귀환이어서 열렬히 그를 환호했습니다. 일본 사람들이 얼마나 WBC 야구 대회에 응원했냐면, 이때의 시청률이 미국 슈퍼볼 시청률과 비슷했다고 합니다. 미국 최대 시청률이 나온다는 슈퍼볼과 일본인의 오타니 야구 시청률. 이런 응원의 열광이 두 나라를 결승에서 만나게 했는지도 모르겠습니다. 오타니는 대회 첫 경기 중국 전에 신발로 마운드에 올랐습니다. 오타니는 4이닝까지 무실점 투구를 했고, 타자로도 2안타를 쳐서 긴장되던 첫 경기를 승리했습니다. 오타니는 1라운드 4경기에 출전해 홈런 1개를 치고 12타수 그 뒤 6안타로 맹타를 쳤습니다. 오타니는 8강전 이탈리아와의 선발로도 등판해 호투해서 4강으로 일본을 이끌었습니다. 그러나 결승으로 가는 준결승 멕시코와의 경기에서 일본은 고전했습니다. 오타니는 어쩌면 질 수도 있을 뻔한 경기에서 9회에 2루타를 쳐서 역전의 가능성을 높였습니다. 그리고 일본이 결승에 오르는 과정에 오타니는 투타에서 크게 기여했습니다.

이제 미국과의 결승전만 남았습니다. 경기 시작 전 오타니는 락커룸에서 선수들을 모아놓고 감동적인 연설을 했습니다. 이 연설은 SNS에 퍼져 많은 사람에게 감동을 안겨주었습니다. 오타니는 이렇게 말했습니다.

"제가 한 말씀드리겠습니다. 동경하는 걸 그만둡시다. 1루에 골드 슈미트가 있는 것이나 중견수를 보면 마이크 트라웃이 있는데다, 외야에는 무키 베츠가 있는 것처럼, 야구인이라면 누구라도 들어본 적이 있는 선수들이 모여 있다고 생각합

4부 미국 프로야구의 새 역사를 쓰다

니다. 오늘 하루 그들을 동경하게 된다면 그들을 넘어설 수 없습니다. 우리들은 오늘 이기기 위해서, 1위를 하기 위해서 왔기에 오늘 하루만은 그들에 대해 동경하는 마음을 버리고 이기는 것만 생각합시다. 자, 가자!"

오타니의 32초짜리 연설은 어떤 정치인 못지않은 명연설로 기억될 것입니다. 순수한 청년의 열정이 느껴지는 담백한 연설이었습니다. 이 영상은 조회수를 100만 회나 기록할 만큼 삽시간에 퍼져서 화제를 모았습니다. 8강전 이탈리아전에 선발로 등판했던 오타니는 등판한 지 4일밖에 안 되어 선발출전이 어려웠습니다.

긴장되는 경기가 시작되었습니다. 2회 초 미국의 터너가 솔로 홈런을 치자 일본도 2회말 곧바로 반격을 했습니다. 무네타카 솔로 홈런을 포함해서 안타와 볼넷 등을 연결시켜 2득점을 뽑았습니다. 일본이 2-1로 앞서기 시작했습니다. 4회에 일본이 또 홈런을 쳐서 3-1로 앞서 갔습니다.

그 뒤 두 팀은 치열한 공방전을 벌였으나 추가점을 얻는 데는 양국이 실패했습니다. 8회초에 일본이 승리를 굳히고자 에이스 투수 다르빗슈 유로 교체했습니다. 하지만 다르빗슈 유는 슈와버에게 의외의 솔로 홈런을 허용했습니다. 그러자 불펜에서 오타니는 몸을 풀기 시작했습니다. 그리고 1점차를 지키기 위해 9회 말에 마무리 투수로 등판했습니다. 오타니는 선발 투수로만 뛰었지, 구원 투수는 처음이었습니다. 오타니는 국가 대항전의 경기에서 설레는 마음으로 마운드에 올랐습니다.

오타니는 선두타자를 볼넷으로 내보냈습니다. 순간 위기가 몰려오는 느낌이었습니다. 그러나 다행히 2018 아메리칸리그 MVP인 무키베츠를 병살로 잡아냈습니다. 이제 우승까지는 한 걸음만 남았습니다. 다음 타자는 마이크 트라웃이 기다리고 있었습니다. 같은 LA 에인절스의 간판 타자이자 미국과 일본을 대표하는 대결이었습니다. 21세기에는 다시 못 볼지도 모를 세기의 대결이라고 했습니다.

타자 트라웃을 상대하는 투수 오타니. 9회말 투아웃 볼카운트 투쓰리 상황에서 오타니는 변화구 스위퍼로 삼진을 잡아냈습니다. 오타니는 기쁨의 우승 세레모니를 했습니다. 일본의 우승이었습니다. 미국이 올스타들을 총출동시킨 대결에서 이긴 것이었습니다. 그리고 오타니는 대회 MVP를 수상하며 명실상부 세계 최강임을 입증했습니다.

2006년과 2009년 WBC에서 일본이 우승할 때는 미국 대표팀의 유명 스타선수들은 출전하지 않았습니다. 그때는 초창기였고 미국 프로야구 선수들은 대회를 우습게 봤기 때문입니다. 그러나 2023년 WBC에서 미국 최정예 프로야구 선수들이 참가했습니다. 오타니는 타자로 홈런도 치고 투수로서 경기를 끝냈습니다. 전 세계 야구팬들에게 이도류가 통한다는 걸 보여준 역사적 순간이자 해피엔딩이었습니다.

2023년 다시 스프링 캠프로 향하다

 2023년은 오타니가 LA 에인절스와 마지막 계약의 해이기도 한 해입니다. 트라웃과 오타니를 가지고도 LA 에인절스는 포스트 시즌 진출을 번번이 실패하고 있었습니다. WBC 야구대회를 보여준 오타니의 모습을 보고 또다시 평가하게 된 계기였습니다. 타자와 투수로 뛰어난 슈퍼스타에서 큰 경기에서도 정신력이 강한 선수로 평가되었습니다. 2023년을 보내면 오타니는 LA 에인절스에서 6년간 뛰어야 하는 의무기간을 채워 프리 에이전트(FA)가

됩니다. 오타니도 그 점을 잘 알고 있었습니다.

2023년은 WBC 야구 국제 대회에서 일본을 우승시킨 쾌거로, 2024년 봄 스프링 캠프로 향하는 오타니의 발걸음은 가벼웠습니다. 좋은 성적을 낼 준비가 되어 있었고, 대박 계약도 이뤄냈습니다. 6년 전에 최저 연봉으로 꿈을 찾아 시작했던 오타니는 2023년, 2021년을 뛰어넘는 기량을 보여주었습니다. 투수로는 10승 5패, 평균자책점 3.14를 남겼습니다. 타자로는 0.304의 타율에 44홈런, 95타점으로 2021년에 이어 두 번째 만장일치로 리그 MVP를 수상했습니다. 21년에 이어 2023년에 지명타자로 실버슬러거상을 수상했습니다. 애런 저지를 제치고 홈런왕도 차지했습니다. 리그 홈런왕은 아시아인 최초였습니다. 그리고 장타율과 출루율도 1위에 올랐습니다.

이때 가장 의미 있는 기록을 남겼는데, 개인적으로는 세 번째이지만 리그에서는 1호로 20-20클럽에 가입한 것입니다. 10승 투수가 20개의 홈런을 치고 20개의 도루를 했다는 말입니다. 삼도류의 탄생일지도 모릅니다. 메이저리그든 일본이나 한국 리그든 20-20클럽은 어렵습니다. 한 시즌을 뛰는 선수 90퍼센트 넘게 20개 홈런을 못 치고 도루를 못 합니다. 동시에 하는 건 1명이나 가능할까 하는 어려운 기록입니다. 20개 홈런을 치려면 타격의 파워가 있어야 합니다. 통상 4번 타자들에게나 가능한 기록입니다. 하지만 그들은 발이 느려 도루가 안 됩니다. 다람쥐처럼 빠른 선수는 도루는 가능해도 파워가 부족해 홈런 치기가 어렵습니다. 오타니는 이 어려운 걸 해내고 있는 선수입니다.

오타니와 LA 에인절스의 6년간의 동행은 마침표를 찍었습니다. 에인절스 시절 오타니는 월드시리즈 우승 반지는커녕 포스트 진출도 한 번 못 해봤습니다. 그런 오타니에게는 새로운 도전과 미래가 기다리고 있었습니다.

7억 달러 사나이, 메이저리그의 계약 신기록을 쓰다

 오타니는 2023년 시즌을 끝내고 팔꿈치 토미존 수술을 받기로 했습니다. FA를 앞둔 오타니에게 악재가 될 거라고 예상했습니다. 투수나 타자로 다 최정상급인데, 2명분을 합산해야 할지 의견이 분분했습니다. 12년 4억 달러를 넘긴 트라웃 선수의 경우가 오타니의 계약 기준이 되었습니다.

부상당한 오타니는 스토리리그 최대의 이슈가 되었습니다. 오타니가 어느 팀과 계약할지 소문이 무성했습니다. 2023년

12월 오타니는 LA 다저스와 10년 7억 달러의 대형 계약을 맺었습니다. 최대 5억 달러라는 예상을 훨씬 뛰어넘는 상상 초월의 계약이었습니다. 메이저리그 역사상 최고 계약 조건이었습니다.

그리고 오타니는 아메리칸리그를 떠나 내셔널리그와 옮겼습니다. 내셔널리그가 아메리칸리그보다 덜 치열하다는 평가가 많았습니다. 그건 양대리그 간 올스타전 전적을 봐도 아메리칸리그가 더 많이 승리를 거두었습니다. 자연히 강팀에는 좋은 투수와 타자들이 많으니 안타를 덜 맞고, 안타를 더 많이 칠 수 있다는 이야기가 됩니다. 오타니와 계약한 LA 다저스는 과거 우리나라의 박찬호와 류현진 선수가 뛰던 팀이라 우리나라 사람들이 응원도 많이 하고 좋아하던 팀이기도 합니다.

6년 전 돈은 중요하지 않다고 꿈을 찾아갔던 순수 청년 야구 선수 오타니는 메이저리그 역사상 유례 없는 대박 계약으로, 그간 손해 봤던 걸 몇 배나 보상받은 셈입니다. 그리고 투수로는 수술로 1년 쉬지만, 타자로서 전력을 다한다면 어떤 모습일지 팬들이나 전문가들도 기대하게 했습니다.

2018년에 팔꿈치 토미존 수술을 받고 코로나19의 어려움을 견딘 뒤, 2023년에 완벽히 부활해서 남들은 엄두를 못 내는 기록의 퍼레이드를 펼친 것처럼 대박의 장기계약이 예상되기 시작했습니다. 타자로서의 초대박이 기대되는 2024년이 시작되었습니다.

2024년 한국에서 MLB 프로야구 개막전이 열리다

특이한 건 2024년 MLB 개막은 미국 본토가 아닌 한국에서 열렸다는 점이었습니다. 3월 20일과 21일 고척돔에서 양일간 LA 다저스와 샌디에이고 파드리스 경기가 열렸습니다. 이 '서울 개막전'은 2019년 일본 도쿄 개막전 이후 5년 만에 이뤄지는 경기였습니다. 한국에서의 개막전 말고도 4월 28~29일 멕시코 시티에서 콜로라도와 휴스턴 경기를, 6월 9~10일 영국 런던에서 필라델피아와 뉴욕 메츠 경기가 개최되었습니다. 이는 MLB 사무국이 야구의 세계화를 이루려는 이벤트 경기라고 밝혔습니다.

한국 팬들과 일본 팬들의 당장 입장권을 구하느라 난리가 났습니다. TV에서나 봤던 메이저리그 게임을, 더군다나 개막전을 우리나라에서 직관할 수 있어 많은 팬들이 열광했습니다. 미국 관광을 하면서 메이저리그를 보는 것 외에 방법이 없는 우리나라 야구팬들은 어쩌면 처음이자 마지막이 될 메이저리그 개막전에 상상 이상의 관심이 모였습니다.

또 관심의 화두는 슈퍼스타 오타니 쇼헤이가 한국을 방문했다는 점입니다. 한국과 일본은 역사적 배경으로 가까워질 수 없는 나라이기도 합니다. 그러나 한국인이 가장 사랑하는 일본인을 꼽으라면 주저 없이 오타니를 꼽을 것입니다.

2023년 WBC 국제 야구대회 우승을 하고 MVP를 수상했을 때 인터뷰 소감을 보면, 오타니의 인성을 알 수 있습니다. 그 대회에서 한국은 예선 탈락의 참사를 맞았습니다.

"이번에는 유감스럽게도 한국과 대만이 예선에서 탈락하게 되었지만, 이번엔 일본이 우승하게 되면서 다음에는 우리가 우승할 차례라고 그런 마음을 갖게 될 수도 있다고 합니다. 한국이나 대만 두 나라만이 아니라 중국도 그렇고, 아직 가능성이 있다고 합니다."

"일본만이 아니라 한국도 그렇고, 대만이나 중국도 또 다른 나라들도 야구를 더욱 좋아하게 되면 좋겠습니다."

우승 인터뷰 자리에서 라이벌 국가인 한국과 대만의 예선 탈락을 위로하는 말은 어떻게 가능할까요? 한국이 만약 대회에서 우승한 뒤 우리나라 MVP 선수가 과연 일본의 탈락을 위로하는 선수가 존재할까요? 오타니가 다른 미담을 많이 보여주었기에 진심으로 느껴집니다.

오타니의 방문은 우리나라 사람들에게도 많은 화제를 몰고 왔습니다. MLB 개막전이 이슈인 건 오타니가 상대할 샌디에이고 파드리스에는 우리나라의 김하성 선수가 소속되어 있어 모처럼 우리나라에 경기를 하러 찾아왔습니다.

오타니는 2012년 서울에서 열린 U-18 야구 월드컵에 일본 청소년 대표로 한국을 방문한 적이 있습니다. 그때 서울 시내를 돌아다니며 찍은 고등학생 때의 영상이 남아 있기도 합니다. 그때 오타니의 일본은 순위결정전에서 한국에 패한 적이 있습니다. 오타니는 그때부터 한국이 제일 좋아하는 나라 중 하나라고 합니다. 12년이 지난 오타니는 그때와는 완전 다른 사람이 되었습니다. 10년이면 강산도 변한다는 말이 있는데, 오타니는 10년 만에 슈퍼스타가 되었습니다. 그리고 혼자가 아닌 결혼해서 신부와 함께 왔습니다. 오타니는 우리나라 방문을 앞두고 SNS에 손하트나 태극기 이모티콘을 넣은 사진을 올렸습니다. 태극기 이모티콘을 넣은 사진을 SNS에 올린 일본인 스타는 처음인 것 같습니다. 더군다나 개막전 상대로 만나는 샌디에이고의 다르빗슈 유라 더 기대된다고 했습니다. 다르빗슈 유는 어릴 때부터 제일 좋아하는 투수이고 얼마 전에 끝난 WBC에서 함께한 일본 대표팀 동료이기도 했습니다.

  미국 현지에서도 개막전이 화제였습니다. LA 다저스 개막전 투수가 야마모토 요시모노 투수였는데, 신인임에도 10년 3억 2500만 달러라는 초대박 계약을 한 투수였기 때문입니다. 공식 MLB 공식 개막전에 일본인 두 투수가 선발인 게 굉장히 이슈였습니다. WBC 야구대회에서 일본 우승이 우연이 아니라는 걸 개막전 일본인들의 선발 투수 등판이 증명한 것 같습니다. 양팀은 화제성만큼 1승 1패씩 거두고 본격적으로 미국 본토 시리즈를 예약하고 끝났습니다.

미국으로 돌아간 오타니에게는 진짜 시험대가 기다리고 있었습니다. 과연 7억 달러가 적정한 것인지, 투수가 아닌 타자로는 얼마나 보여줄지, 그리고 아메리칸리그에서 내셔널리그로 옮겼으니 과연 적응을 잘할지가 관건이었습니다. 아무래도 낯선 구장과 관중들. 처음 상대하는 투수들의 적응이 필요한 건 당연할지 모릅니다. 투수와 타자 중 한쪽만 뛰면 체력적으로 비축이 되니 괴력을 발휘할 거라는 예측도 있었습니다. 한쪽에서는 야쿠아 주니어나 하퍼의 스타들이 수술 후 부진했으니 수술 후 오타니도 크게 고전할 거라는 부정적인 평가도 많았습니다.

그러나 LA 다저스와 오타니에게도 분명한 목표가 있었습니다. 그건 월드시리즈 우승이라는 목표입니다. 팀도 번번이 몇 년 전 월드시리즈에 가기 전에 아쉬운 고배를 마셔야 했고, 오타니도 LA 에인절스 시절 6년 동안 포스트 시즌도 못 가본 한을 풀고 싶었습니다. 일단 주사위는 던져졌고 오타니는 어떤 역사를 써갈까요?

🌱 오타니, LA 다저스에서 새로운 시작을 맞다

오타니는 3월에 무난한 적응기를 보냈습니다. 아직 홈런이 안 나온 게 옥의 티였습니다. 4월 3일 샌프란시스코 자이언트전에 드디어 첫 홈런을 쳤습니다. 다저스 공식 입단 후 기록한 1호 홈런이었습니다. 이 홈런은 오타니에게 의미 있는 홈런이기도 했습니다. 종전 스즈키 이치로 24구단 상대 홈런을 25구단 상대 홈런으로 기록을 갈아치운 거였습니다. 이게 5개 구단에 홈런을 치면 전구단 상대 홈런 신기록도 갱신하게 될 것입니다.

4월 21일 뉴욕 메츠와의 경기에서 시즌 5호 홈런포를 쐈습니다. 이 홈런으로 마쓰이 히데키의 홈런 기록을 갈아 치워 일본인 최대 홈런타자가 되었습니다. 7시즌 740타석 안에 이룬 대기록으로 176호째 홈런이었습니다. 4월까지 오타니는 24게임을 뛰며 7개의 홈런과 0.312타율과 8개의 도구로 서서히 진가를 드러내고 있다고 볼 수 있었습니다. 6월 19일 콜로라도 로키스와 2차전에서 시즌 20호 홈런을 쳤습니다. 그리고 '이 주의 선수상'을 받았는데, 통산 9번째 수상이었습니다.

6월 26일 시카고 화이트삭스 2차전 경기에서 선두타자 25호 홈런을 치기도 했습니다. 이 홈런으로 100경기 연속 타점인데 다저스의 9경기 연속 타점을 경신했습니다. 또한 이 기록은 팀 기록을 세우면서 아시아인 메이저 경기 신기록도 경신했습니다.

7월 7일 밀워키와 경기에서 2루와 3루를 연속으로 뛰어 2도루를 성공시켰습니다. 2도루 추가 로 20홈런 20도루를 달성했는데, 오타니 개인으로는 3번째 기록 달성이기도 했습니다. 이때부터 서서히 30홈런 30도루의 전망이 등장했습니다. 왜냐하면 아직 올스타전도 오기 전의 기록 페이스가 좋았기 때문입니다.

7월 14일 4번째 올스타전에 참가했습니다. 첫 타석에 볼넷으로 걸어 나갔고, 두 번째 타석에서는 쓰리런 홈런을 쳤습니다. 올스타전 MVP가 유력했으나 내셔널리그가 경기에서 지는 바람에 MVP는 수상하지 못했습니다. 하지만 HLB 역사상 최초로 올스타전에서 승리투수와 홈런을 기록한 최초의 선수가 되었습니다.

7월 21일 보스턴과의 경기에서 시즌 30호 홈런을 기록했습니다. 4연속 30홈런을 친 날이었습니다.

　8월 17일 세인트루스와의 경기에서 시즌 38호 홈런을 쳤습니다. 이날 도루도 2개를 추가하면서 40-40에 더 가까워졌습니다. 이 홈런으로 메이저리그 30개 구단 상대홈런을 친 일본인이자 아시아인 최초의 선수가 되었습니다.

　8월 23일 템파베이와 경기에서 격인 통산 첫 홈런이자 40호 만루 홈런을 쳤습니다. 두 번째 타석에서 내야 안타를 치고 도루에 성공했습니다. 40홈런 40도루를 달성한 순간입니다.

🌿 오타니, 40-40 클럽 기록 달성하다

　이 기록은 아시아인 역대 최초이자 메이저리그 최소경기에 달성한 것입니다. 그리고 좌타자로 약물을 복용하지 않고 기록한 선수로 등재되었습니다. 40홈런도 40도루도 뭐 하나 쉬운 기록이 아닙니다. 파워와 기민함을 가져야만 달성할 수 있는 기록입니다. 10승 투수와 46홈런. 타자이자 투수. 진짜 만화 속 주인공처럼 불가능한 일을 오타니는 척척 아무렇지도

않게 해 내고 있습니다. 이제 사람들은 거의 불가능한 50-50 클럽을 외치기 시작했습니다.

9월 6일 클리브랜드와의 경기에서 메이저리그 최초로 45홈런 45도루를 달성했습니다. 50-50이 불가능이 아닐지 모른다는 기대를 팬들은 차츰 갖게 되었습니다. 4일 뒤 시카고와의 경기에서 오타니가 갖고 있던 46호 홈런 기록을 갈아치우는 47호 홈런을 쳤습니다. 이 기록은 아시아 최다 홈런을 가지고 있는 우리나라의 추신수 선수의 홈런 218개와 타이를 이루었습니다. 추신수 선수보다 절반도 안 된 경기를 하고 달성한 기록이라 의미가 더 깊었습니다.

9월 19일 마이애미와의 경기에서 오타니는 평생 잊지 못할 하루를 경험했습니다. 그날 오타니는 대망의 50홈런 50도루의 대기록을 달성했습니다. 이날 오타니는 6타수 6안타를 치면서 한 경기 최대 10타점을 세운 날이었습니다. 이 50호 홈런은 다저스 소속 숀 그린 선수의 49홈런을 넘겨 다저스 선수가 친 최다 홈런 기록을 갈아치웠습니다. 이로서 같은 일본인인 마쓰야마 히데키의 116타점을 뛰어넘었습니다.

50-50이 얼마나 대단하냐면, 1908년 호너스 와그너 선수가 10홈런(2위) - 53도구(1위)를 훌쩍 뛰어넘은 대기록이기 때문입니다.

9월 26일 샌디에이고와의 경기를 승리하면서 내셔널리그 서부지구 우승을 확정지었습니다. 오타니가 미국을 진출하고 처음으로 경험해보는 지구 우승의 순간이었습니다. 그날 오타니는 메이저리그에서 19명만 달성한 단일 400루타를 달성했습니다. 2001년 이후 23년 만에 나온 대기록을 또 하나 쓴 셈입니다.

9월 29일 오타니는 정규시즌 마지막 경기에도 출전했습니다. 오타니는 이미 팀 우승을 확정지었고, 꽤 피곤할 만했습니다. 이제 그가 움직이면 다 기록이 되었습니다. 마지막 경기에서 그는 4타수 1안타 1도루를 기록했습니다. 이제 패넌트레이스는 모두 끝났습니다. 타자 오타니는 부상 없이 건강하게 한 시즌을 뛰었습니다. 타율은 0.310(NL 2위) 54홈런 59호 도루. 130타점 출루율, 장타율 1위를 기록했습니다. 홈런왕이 되면서 양대리그 홈런왕이 되었습니다.

2016년 일본 시리즈 우승 후 8년 만에 포스트 진출에 성공했습니다. 포스트시즌에서 오타니는 어떤 성적을 남길까요? 오타니가 가는 길엔 기록이 항상 따라왔습니다. 사상 최고 7억 달러 계약과 함께 리그를 옮기면서 시작한 2024년 오타니는 2021년을 뛰어넘는 역대급 시즌을 만들며 다시 못 깰 50홈런 50도루를 달성했습니다.

2025년에는 투수 오타니가 다시 등장합니다. 이번에는 타자는 쉬고 투수로만 뛰는 걸 상상해봅니다. 물론 천문학적 연봉 때문에 억지로 타자를 쉬게 할 수는 없겠지만, 체력적 부담을 덜어낸 오타니의 투수로서의 모습도 기대가 됩니다. 주로 부상으로 몇 개월, 혹은 1년을 쉬었지만, 건강한 몸 상태로 타자로만, 투수로만, 온전히 치러본 시즌이 없었기 때문입니다.

이제 전성기에 들어선 오타니가 어떤 기록을 써갈지, 그의 미래가 궁금하지 않습니까?

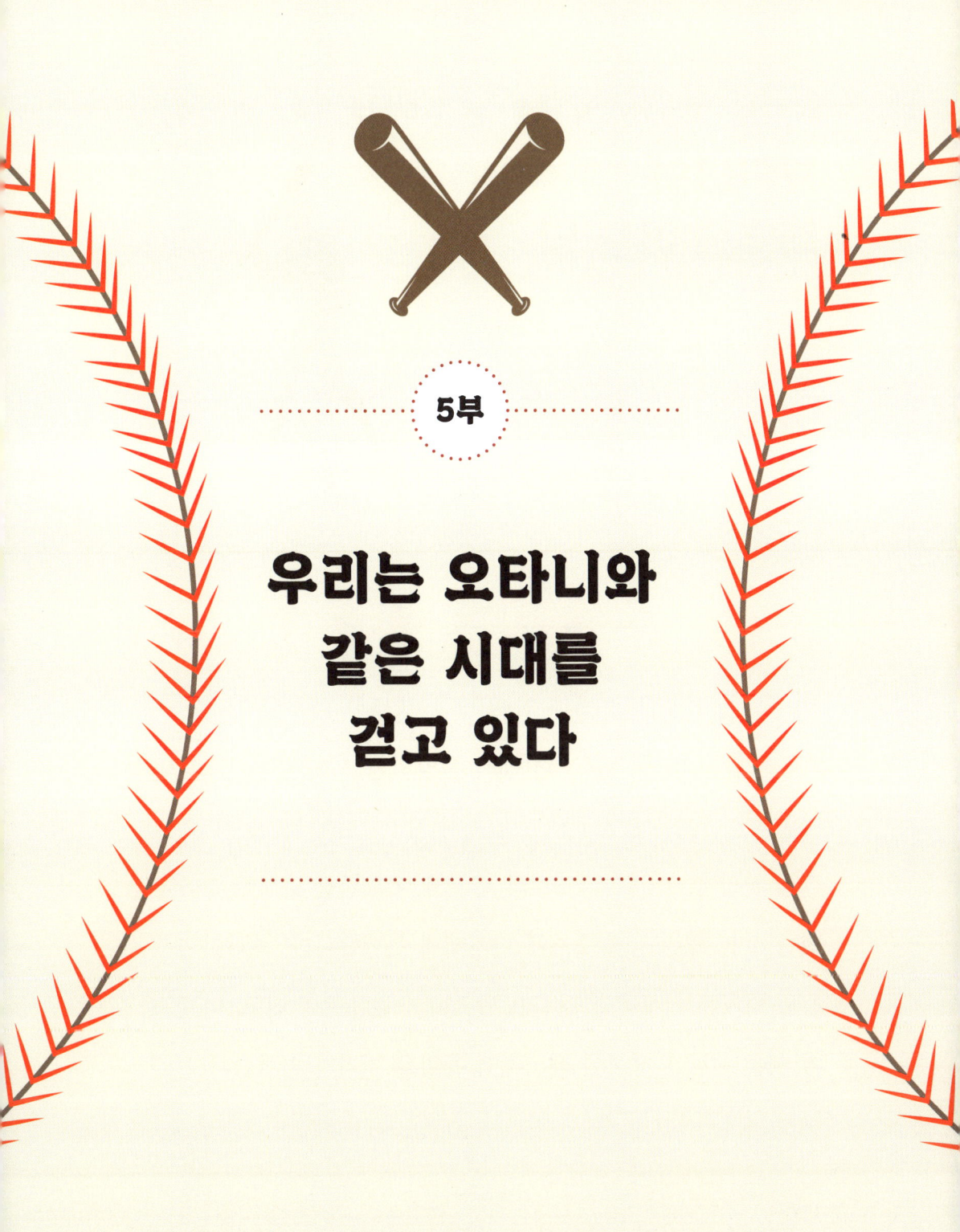

5부

우리는 오타니와 같은 시대를 걷고 있다

오타니의
특별한 어느 날

 오타니에게 있어 2024년 9월 19일은 생일만큼 평생 기억에 남는 특별한 하루였습니다. 100년 넘는 미국 야구 역사에서 동양인인 오타니가 미국의 자존심을 무너뜨린 사건의 주인공이 되었습니다. 난공불락의 클럽 가입자 오타니가 50개의 홈런과 50도루를 달성한 것이었습니다. 아무도 그 숫자에 다가서지 못했습니다. 왜냐하면 홈런 타자는 아무래도 덩치가 있으니까 걸음이 느리고, 다리가 빠른 사람은 체격이 왜소해서 홈런을 치기가 어렵습니다.

그래서 그 양쪽을 다 잘한다는 건 불가능에 가까운 일입니다. 신체적 능력차로 아무도 그 벽을 넘어 서지 못했습니다.

오타니는 이날 마이애미 돌핀스를 상대로 무려 6타수 6안타(3홈런) 4득점 10타점 2도루라는 신의 경기력을 보여주었습니다. 전날까지 48홈런 49도루에 멈추어있던 기록을 하루에 3홈런 2홈런 친 경기로 꿈의 대기록을 달성한 것입니다. 전 세계에서 가장 야구를 잘하는 사람들이 모이는 메이저리그에서 162경기에서 10개 홈런도 치기 어렵다고 합니다. 그런데 50개 홈런과 50개 도루, 한 경기에서 6타수 6안타에 10타점과 3홈런. 마치 신의 제단에 그의 이름을 걸기 위한 하루였는지도 모릅니다.

우리가 오타니에 관해 또 하나 기억해야 할 건 상대팀의 진정한 스포츠맨십입니다. 타석에 들어선 오타니에게 상대 투수는 고의사구를 남발할 수 있으나, 피하지 않고 끝까지 정면승부를 벌였습니다. 상대팀 역시 오타니의 위대한 도전에 걸맞는 역사의 주인공입니다. 오타니는 시즌 초에 통역인 마즈

하라가 스포츠 도박에 빠져 234억을 횡령한 사건으로 힘든 시간을 보내고 있었습니다. 정신적으로 힘들었는지 오타니의 홈런도 4월에야 터졌습니다.

이런 오타니가 안정을 찾을 수 있도록 한 숨은 조력자가 있었습니다. 바로 오타니의 부인입니다. 올 2월 오타니는 마미코랑 결혼했는데, 마미코는 여자프로농구 선수였습니다. 오타니처럼 수수하고 평범한 여성이었습니다. 그녀 또한 운동선수 출신이라 멘탈의 중요성을 잘 알았기에, 시즌 초 흔들리는 오타니를 잡아준 대기록의 숨은 조력자였습니다.

이도류를 넘어 삼도류의 시대를 열다

유소년 선수 시절에는 야구를 제일 잘하는 사람이 타자로 4번도 치고, 투수도 하는 경우가 많습니다. 동양뿐 아니라 미국의 메이저리그로 오는 각국의 스타 플레이어들도 한 번쯤 타자와 투수를 해본 경험이 있었을 것입니다. 그 많은 스타는 왜 오타니가 안 됐을까요? 아마 체력적인 부담 때문이었을 겁니다. 보통 투수는 5일에 한 번씩 등판하는 게 루틴입니다. 투수를 하고 바로 다음 날 타자로 매일 뛰다가 또 투수로 뛴다는 건 생각만 해도 숨 막히는 일입니다. 체력을 아끼기 위해 지명타자로 뛴다지만, 투수와 타자로 162 게임을 치른다는 건 너무 어려운 일입니다. 메이저리그에서는 투수로 던지다가 타자로 서는 경우도 있습니다. 내셔널리그는 지명 타자 제도가 없어 투수도 타자로서 타격을 해서 아주 낯설거나 이상하지는 않습니다.

그러나 그 타격은 오타니와 다릅니다. 투수들은 타석에 그냥 서 있는 경우가 대부분입니다. 타격을 하고 1루로 뛰다가 부상을 당하거나, 너무 전력질주를 해서 호흡이 거칠어져 다음 회 등판이 지장을 줄지 모르기 때문입니다. 또 타격을 강하게 하다 허리부상을 당할까 타격을 제한했습니다. 메이저리그에 진출했던 박찬호와 류현진 선수도 고등학생 시절 4번 타자를 했을 만큼 타격 재능이 있었습니다. 두 선수는 타석에는 가만히 서 있지 않고 적극적 타격으로 종종 안타를 쳤습니다. 물론 지명 타자 제도가 없어 투수가 타석에 서야 되는 규정 때문에 타석에 설 수밖에 없었습니다.

오타니는 초등학생 시절부터 이도류였고, 프로에서도 구리야마 감독의 적극적인 육성으로 이도류의 선수가 되었습니다.

오타니가 미국 메이저리그로 향할 때 현지 미국인들은 그의 성공에 반신반의했습니다. 미국인들의 기억 속에 베이브 루스가 있었지만 100년 전의 일이었고, 초창기의 야구 때나 가능하다고 봤습니다. 분업화된 현대 야구에서 투수로 던지고 외야수나 지명타자를 한다는 건 믿기지 않는 일입니다. 만화나 리틀야구에서나 나올 법한 일이기 때문입니다.

오타니는 LA 에인절스에 입단해서 6년 동안 타자와 투수로서, 1년 반짝 활약한 것이 아니라 꾸준한 실력을 보여주었습니다. 2021년 46홈런을, 2024년에는 54홈런으로 기록을 경신했습니다. 특히 홈런 개수도 위대하지만 도루 숫자도 59개라는 점을 주목해야 합니다. 50개 이상 홈런을 친 선수의 최고 도루 기록을 112년 만에 갈아 치웠다고 합니다. 오타니는 193센티미터의 장신임에도 유연성이 좋아 도루 성공률도 90%가 넘었습니다. 10승 넘게 던지는 투수가 50개 이상의 홈런을 치고 50개 넘게 도루하는 건, 삼도류의 야구 창시자라고 할 수 있지 않을까요? 전 세계 각국 야구천재들도 오타니의 기록을 뛰어넘기는 쉽지 않아 보입니다.

오타니는 100년 전 기록들을 깨며 베이브 루스마저 넘어서고 있습니다. 19세기, 20세기, 21세기의 기록들을 찾게 만드는 오타니. 그가 이도류를 한다고 할 때 대부분 비웃었는데, 삼도류의 야구를 선보이니 놀라서 아무 말들을 못 하고 있습니다. 오타니야말로 지구에서 머물고 있는 외계인이 아닐까 싶습니다.

오타니와 베이브 루스, 누가 더 위대할까?

지금도 미국인들의 압도적인 찬사를 받고 있는 베이브 루스는 1946년 사망 후에도 그 인기가 여전합니다. 2018년 도널드 트럼프 당시 대통령은 베이브 루스에게 자유의 메달을 수여해서, 미국인들에게 베이브 루스의 인기와 의미를 다시 한번 확인해 주었습니다. 미국에서 오타니가 인기 있는 이유는 단지 슈퍼스타라서가 아니라, 100년 전 베이브 루스와 비슷한 이도류의 길을 걸으면서 자연스럽게 100년 전 베이브 루스의 기록을 소환하고 있기 때문입니다.

베이브 루스는 1895년 출생이고, 오타니는 1994년 출생입니다. 거의 100년의 시차가 있습니다. 흥미로운 평행이론을 적용하기에는 무리가 있겠지만, 그만큼 오타니는 100년 전 그를 연상시킵니다.

베이브 루스의 프로 생활은 1914~1919년의 보스턴 레드삭스와 1920~34년의 15년간의 양키스 시절로 나뉩니다. 투수로서 23승을 기록하고 월드시리즈 3번의 우승에 1등 공신인 베이브 루스를 보스턴 구단은 현금을 받고 라이벌 양키스에 트레이드 해 버립니다. 이 최악의 거래를 두고 '밤비노의 저주'라고 합니다. 보스턴 구단의 저주를 푸는 데 86년이나 걸렸습니다.

양키스로 간 베이브 루스는 1917년에 투수로서 24승을 거두고, 38번의 완투와 6번의 완봉승을 거두었는데, 무려 300이닝 넘게 투구를 했습니다. 이때 놀랍게도 평균자책점 1.75였는데, 300이닝 이상 던진 기록이니 믿기지 않습니다. 그해 평균 방어율 1위를 기록했습니다. 분업화된 현대 야구에서는 상상을 할 수 없는 초인적인 기록입니다. 1919년에는 29개의 홈런으로 홈런 최다 신기록을 넘어섰습니다. 그 뒤 1920년에 54홈런을, 1921년에 59홈런을 쳤습니다. 1927년에는 60개의 홈런을 쳐서 한 시즌 60호 시대를 열었습니다. 베이브 루스는 저득점 스포츠인 야구를 홈런으로 대량득점의 시대로 이끌었습니다. 그의 홈런을 보기 위해 팬들을 야구장으로 모이게 했습니다. 당시 스페인 독감으로 힘들어 하는 미국인들에 희망을 주었습니다. 야구를 현대 스포츠이자 미국의 스포츠로 만든 1등 공신이었습니다. 베이브 루스는 '예고 홈런'으로 유명해졌습니다. 이렇게 베이브 루스는 레전드가 되었습니다.

1961년 도저 매리가 61개로 베이브 기록을 깨자, 베이브 루스는 151경기에서 작성한 것이고 로저 매리스는 161경기에 61호 홈런을 친 것이므로 인정할 수 없다고 미국 팬들은 주장했습니다. 1974년에 행크 아론이 베이브 루스의 통산 714개호의 홈런 기록을 경신하자, 환영받기보다는 그가 흑인이어서 살해 위협까지 받게 되었습니다.

베이브 루스는 15년간 뛰며 7번의 아메리칸리그 우승과

4번의 월드시리즈 우승 경험을 했습니다. 1931년 처음으로 만든 명예의 전당에 헌정되었습니다. 또한 홈런왕을 12회나 차지하기도 했습니다.

베이브 루스는 마이클 조던, 무하마드 알리와 함께 미국인들이 가장 사랑하는 스포츠 스타입니다. 오타니가 2018년 미국에 진출할 때 '일본의 베이브 루스'라는 애칭으로 호기심을 드러냈습니다.

오타니는 7시즌을 치르고 2024년 현재까지 225개의 홈런을 쳤습니다. 오타니의 나이가 31세임을 감안하면 714개의 홈런을 치는 건 무리일 듯 보입니다. 일본에서 6년을 뛰고 왔기 때문에 감안되어 합니다. 베이브 루스의 23승과 60호 홈런 기록은 오타니가 깰지도 모를 기록입니다.

오타니는 이제 기량이 전성기에 들어서고 있어 당장 내년에 어떤 기록을 세울지 아무도 모릅니다. 야구 초창기 시대의 베이브 루스가 세운 1916년, 1917년도에 300이닝 넘게 던진 무쇠팔 기록은 오타니 말고도 그 어느 투수도 현대 야구에서 세울 수 없는 불가능한 기록입니다. 오타니가 2024년에 기록한 54홈런 59도루는 베이브 루스도 못 해본 대기록입니다. 그리고 161킬로미터도 베이브 루스는 못 던져본 구속입니다. 베이브 루스는 홈런 40개 이상, 도루 20개 이상을 동시에 달성해 본 적이 없습니다.

반대로 타자 오타니에게 홈런왕은 12번의 홈런왕을 지낸 베이브 루스에 비하면 초라할지 모릅니다. 투수로도 최고 15승 외에 보여준 게 아직 없습니다.

희망은 있습니다. 6년간 뛴 LA 에인절스는 약팀이었는데, 이번에 이적한 LA 다저스가 강팀이라 기록 갱신이 더 유리하게 작용할 수 있다는 점입니다.

오타니는 '야구교'라고 할 만큼 오직 야구만의 생활을 합니다. 배려와 미소의 아이콘일 정도로 성실하지만, 베이브 루스는 사생활이 복잡했습니다.

베이브 루스와 오타니는 비슷하지만 조금 다른 장점이 있는 선수입니다. 둘의 우세를 말하기 전에 100년 이도류의 베이브 루스를 완전히 불러낸 오타니의 등장에 많은 야구팬들이 열광하고 있는 것입니다. 앞으로 오타니가 써 갈 기록에 베이브 루스도 계속 등장할 건 자명할 것입니다.

  베이브 루스와 오타니는 100년이란 세월의 벽이 있습니다. 각자 뛰는 야구 환경이 다릅니다. 하지만 둘의 공통점은 남들이 못하는 타자와 투수로서 빼어난 기록을 남겼다는 것입니다. 그러기에 동서양을 떠나 야구에 있어 신 같은 존재임에는 틀림없습니다.

오타니와 이치로의 차이점

일본을 포함해서 대만, 한국 등 아시아의 수많은 선수가 꿈을 안고 메이저리그에 진출했습니다. 어쩌면 동양야구가 미국보다 한 단계 수준 아래라는 편견을 깨기 위한 도전의 역사인지 모릅니다. 한국의 박찬호, 김병현, 추신수, 류현진 선수도 진출해서 의미 있는 기록들을 남겼습니다. 하지만 2024년 오타니가 세운 54홈런 59도루의 엄청난 기록, 2001년 데뷔하자마자 아메리칸리그 신인왕과 MVP를 수상한 스즈키 이치로의 3000 안타는 여전히 깨지기 쉽지

않은 기록입니다. 오타니와 이치로는 메이저리그에서도 엄청
난 기록을 남긴 슈퍼스타입니다.

먼저 두 스타 선수의 인성을 얘기하려 합니다. 야구만 잘하

는 게 중요한 게 아니라 팬을 위한 야구를 하는 선수가 바람직하지 않을까요? 이치로는 9년간 일본 프로야구를 평정하고 2001년 미국 메이저리그 시애틀 매리너스에 데뷔했습니다. 오타니가 8세 때 일입니다. 메이저리그에 진출하자마자 그해 신인상과 리그 MVP에 올랐습니다. 신인이 MVP를 수상하는 건 굉장히 드문 일입니다. 20년도 넘은 일이지만 이런 이치로에 미국 야구팬들도 충격을 받았습니다. 미국인들은 한 수 아래로 봤던 일본 야구가 이 정도의 수준일 줄은 몰랐습니다. 이를 충격적인 사건으로 받아들였습니다.

그 뒤 이치로는 반짝 스타가 아님을 증명했습니다. 10회 올스타 출전과 골든 글러브 수상, 최다 안타왕 7회 수상, 타격왕 2회, 도루왕 1회 등 눈부신 기록을 세웠습니다. 결국 이치로는 일본 선수 경력을 빼고도 미국 메이저리그에서만 3000안타와 500도루라는 믿기지 않는 기록을 달성했습니다. 그의 기록은 동양인뿐만 아니라 메이저리거들도 깨기 어려운 기록으로 평가됩니다. 곧 최고의 영예인 메이저리그 명예의 전당 입성과 소속팀 시애틀 매리너스의 영구 결번 선수도 될 예정입니다.

이런 대단한 선수인 이치로는 망언으로 한국인들에게 극혐의 선수 1위에 올라 있습니다. 그 사건은 2009년 제2회 WBC 국가 대항 야구 대회의 인터뷰 발언 때문입니다. 한국과의 대결을 앞두고 소감을 묻는 기자들의 질문에 이렇게 대답했습니다.

"30년 동안 일본을 못 이기게 하겠다."

도무지 상대국을 배려하지 않는 예의 없는 발언입니다. 공은 둥글기에 승부의 세계에서 승패는 신만이 알 뿐입니다. 이 말이 저주였는지, 막상 경기에선 한국이 일본을 이겼습니다. 우리나라의 봉중근 선수가 발이 빠른 이치로가 도루를 하려 하자 견제 동작만 취해도 과하게 슬라이딩을 했습니다. 이 장면은 인터넷에 짤로 많이 돌아다녔습니다. 이치로에게는 '굴욕'이었지만, 우리나라 팬들은 봉중근 선수에게 이치로를 비겁하게 혼내주었다며 '봉의사'라는 별명을 지어 주었습니다.

이치로의 오만은 그 인터뷰 한 번만이 아니었습니다. 몇 년 전 한일 슈퍼게임을 앞두고 한국 선수들에게서 마늘 냄새가 난다고도 했습니다. 그리고 우리나라의 류현진 선수의 공을 "눈을 감고도 치기 쉬웠다."고 무례한 발언을 했습니다. 이런 이치로이니 우리나라 사람들이 싫어 하는 건 당연하지 않나요? 이런 이치로와 다르게 오타니는 한국인이 가장 사랑하는 일본인이라는 애칭이 있습니다. 이 차이는 야구 실력도 중요하지만 인성에 있을 것입니다.

오타니에 대한 미담은 많습니다. 오타니가 한국인에게 호감을 받으려고 SNS에 태극기 사진과 하트 모양을 넣은 사진을 일부러 올렸다고는 생각하지 않습니다. 오타니는 초등학교 3학년 때 야구를 시작한 이래 오늘까지 오직 야구를 위해 태어난 사람처럼 보입니다. 배려와 미소로 오타니는 한 번도 잡음 없이 야구를 도의 경지로 이끈 사람이기도 합니다.

초등학생 시절 성장하기 위해 잘 먹고 자는 것을 최대 목표로 했고, 고등학생 시절 밥을 11공기씩 먹으며 몸을 키웠습니다. 신장 193센티미터, 몸무게 102킬로그램의 오타니는 큰 키에도 유연성이 좋아 도루도 잘합니다. 수많은 파파라치가 오타니를 추적해도 오직 야구장 숙소만 다니니 나올 게 없다고 합니다.

 이런 생활은 미국 생활에서도 바뀐 게 없습니다. 에인절스가 있는 LA는 볼 거리가 많은 도시인데도 야구장과 숙소만 다녔다고 합니다. 미국 심판들에게 이름을 부르면서 먼저 인사를 건네는 오타니. 볼보이와 친구가 되는 오타니. WBC 국제 대회에서 아마추어 수준인 체코 선수에게 삼진을 당하고도 웃는 오타니. 경기가 끝난 후 남이 버린 행운을 줍는다며 쓰레기를 줍는 오타니. 아마 고등학생 시절 제일 야구를 잘하는 오타니를 화장실 청소를 시킨 사사키 감독의 참교육 때문 아니었을까요? 오타니는 한국뿐만 아니라 전 세계의 팬들에게 사랑받고 있습니다. 야구에 타고난, 어쩌면 외계인이 아닐까 싶은 오타니. 2012년 청소년 대회 때 우리나라에 와서 거리를 걷던 청소년 오타니. 작년 WBC 국제 야구대회에서 미국을 꺾고 우승 기자회견에서 예선 탈락한 한국과 대만을 응원한 오타니. 이런 오타니를 누가 싫어할까요.

 오타니가 이치로의 기록을 넘어설지는 모르겠습니다. 그러나 분명한 건 이치로는 평생 투수로 15승을 해본 적이 없기에 다릅니다. 오타니는 야구를 위해 태어난 사람처럼 야구에 진심입니다.

이치로와 오타니, 둘 다 천재지만 인성은 하늘과 땅 차이입니다. 이치로도 성적만 내는 감독이 아니라 사사키나 구리야마 같은 감독을 만났다면 달랐을까요?

애런 저지와 오타니 쇼헤이, 누가 더 잘 칠까?

☀️ 베이브 루스, 애런 저지, 오타니 쇼헤이. 고교 시절 오타니의 라이벌 후지나미 신타로는 스타였습니다. 오타니는 그의 고시엔 대회 우승과 MVP 수상을 TV로 볼 수밖에 없는, 한 발 앞서간 선수였습니다. 그러나 지금은 비교할 수 없는 위치에 있습니다. 오타니는 7억 달러의 슈퍼스타가 되었고, 후지나미는 메이저리그에 진출했지만 2군에 머물러 있습니다.

애런 저지를 이야기하는 이유는 누가 세계에서 가장 야구를 잘하는지 알아보기 위해서입니다. 물론 애런 저지는 투수가 아니어서 절대적인 비교는 어렵습니다. 하지만 100년 전 베이브 루스도 소환시킨 오타니는 라이벌 애런 저지와 최고 경쟁을 하고 있다고 볼 수 있습니다.

오타니는 초등학생 시절부터 워낙 괴물 같은 모습을 보여 라이벌이 그리 많지는 않았습니다. 그러나 오타니도 사람인지라 라이벌이 존재하긴 했으니 그 사람은 고교 시절 후지나미와 한국의 이진욱 선수였습니다.

오타니는 이제 전성기에 들어섰기에 애런 저지와 앞으로 최소 5년간은 매 시즌 스포트라이트를 받으며 치열하게 기록 경쟁을 할 것입니다. 작년까지 애런 저지와 오타니는 같이 아메리칸리그로 경쟁했습니다. 2024년 오타니가 LA 다저스와 계약하면서 내셔널리그로 옮기고 에런 저지는 여전히 아메리칸리그에 있습니다. 2024년 애런 저지는 58홈런, 오타니는 54홈런으로 각 리그의 홈런왕을 차지했습니다. 여기에 오타니는 59도루라는 특이한 기록도 달성했습니다. 이는 아시아인으로 56도루를 성공한 이치로의 기록을 넘어선 최다 도루 기록입니다. 그리고 아시아인 최초 한 시즌 400루타를 달성하면서 내셔널리그 MVP도 기대됩니다. 오타니는 양대 리그 MVP라는 희귀한 기록도 남겨놓고 있습니다.

애런 저지는 오타니보다 2년 먼저 1992년 캘리포니아에서 태어났습니다. 짧은 마이너리그 시절을 끝내고 양키스의 프랜차이즈 스타가 되었습니다. 2017년 풀타임 시즌 첫해부터 52홈런을 쳐서 개인 최다 홈런 기록을 갈아치웠습니다. 그리고 2022년에는 62홈런으로 아메리칸리그 최대 홈런 기록을 세웠습니다. 이 기록은 베이브 루스 이후 120년 만의 선수 기록입니다. 또 베이브 루스가 등장합니다. 외야수 실버 슬러거상을 3회, 홈런왕 3회, 타점왕을 2회나 차지한 양키스 스타입니다. 베이브 루스가 양키스 선수로 화려한 선수 생활을 하다 은퇴한 것처럼 애런 저지도 양키스 제국의 소속입니다. 둘 다 양키스를 대표하는 선후배입니다. 역사는 반복되는가 싶을 정도입니다. 오타니는 양키스 소속은 아니지만, 베이브 루스처럼 투수와 타자로 베이브 루스의 기록들을 떠올리게 했습니다.

이도류, 홈런왕, 양키스, 동서양의 야구 천재 등이 이 세 사람을 연결하고 있습니다. 라이벌은 서로에게 자극과 격려가 됩니다. 서로는 성장의 밑거름이 될 것입니다. 양대 리그를 대표하는 애런 저지와 오타니 쇼헤이. 우리는 앞으로도 TV나 신문에서 두 사람의 이야기를 많이 듣고 살아갈 것입니다.

100년 전 기록을 둘 다 소환해내고 있는 애런 저지와 오타니 쇼헤이. 그들과 함께 살아가고 있는 우리는 행운일지도 모릅니다. 애런 저지의 뉴욕 양키스와 오타니 쇼헤이의 LA 다저스는 2024 월드시리즈에 진출했습니다. 양대 리그의 챔피언 자격으로 43년 만에 꿈의 대결을 앞두고 전 세계 야구팬들의 이목이 쏠리고 있습니다.

◆ 에필로그 ◆

> 우리는 오타니와
> 같은 시대를 살고 있다

　　　　　　　　　2024년 오타니의 야구 시즌도 끝났습니다. 2018년 니혼햄 파이터스를 우승시키고 미국으로 건너온 지 6년 만에 2024년 LA 다저스로 이적한 뒤 월드시리즈 우승을 한 것입니다. 고교 시절 고시엔 대회에서도 우승을 한 적이 없는데, 오타니는 일본과 미국 프로리그에서 우승 트로피를 들어올렸습니다.

　오타니는 야구장에 사람들을 모으고 열광하게 만드는 이슈메이커입니다. 물론 선한 의미의 이슈 메이커입니다. 현대 야구가 지루해져 경기시간을 단축시키는 각종 룰을 만들어 떠나가는 야구팬을 붙잡으려 애쓰는 건 다 아실 겁니다. 이런 야구의 위기에 오타니는 외계인처럼, 만화 속의 주인공처럼, 혜성처럼 등장했습니다. 선발 투수로 공을 던지고, 바로 타자로 타석에 들어서 안타를 치고, 2루로 빠르게 뛰어 도루를 합니다. 투수와 홈런, 도루마저 다른 선수보다 뛰어난 선수. 20세기에는 이런 선수가 없었습니다. 20세기 야구팬들은 불행한 것인지도 모릅니다. 오타니를 만나지 못했기 때문입니다.

오타니는 메이저리그에 진출한 첫해에 별들의 전쟁인 올스타전에서 지명타자와 선발 투수로 뛰며 2명분의 역할을 했습니다. 그리고 그해 아메리칸리그 신인상을 거머쥐었습니다. 2021년에는 만장일치로 아메리칸리그 MVP를 수상했습니다.

2023년 7억 달러라는 상상 이상의 금액으로 LA 다저스로 옮겼습니다. 2024년에는 부상으로 투수로서는 나서지 못했지만 타자로서는 어떨까 하는 팬들의 기대 속에, 오타니는 54홈런 59도루를 보여주었습니다. 100년 넘는 메이저리그에서 50홈런 50도루는 최초의 기록입니다. 아마 이 기록이 깨지기까지는 또 100년을 기다려야 할지도 모릅니다. 2021년에는

LA 에인절스에서 15승을 거둔 투수였습니다. 15승에 50홈런, 50도루. 100년 넘는 시절에 미국의 스타플레이어 베이브 루스도 하지 못한 진기한 기록입니다.

　같은 날 투수로 던지고 타자로 타석에 서는 것도 신기하지만, 홈런도 잘 치고 잘 뛰는 건 더 어렵습니다. 리틀야구에서나 중고교 시절 아마 야구에서는 투수가 타자로도 뛰어난 사람은 전 세계에서 수없이 많습니다. 하지만 아마추어 야구는 몇 개 대회를 반짝하지만, 프로야구는 8개월 동안 140~160게임을 매일 하고, 장거리 이동을 해야 합니다. 시차 적응에 따른 컨디션 조절과 체력적인 뒷받침이 있어야 합니다. 또 타자를 하다 보면 투수들의 실투로 부상당하는 경우도 종종 있습니다. 그러기에 100년이 넘은 초창기 야구의 베이브 루스 이후 투타 이도류 선수의 등장은 어려웠습니다. 투수는 5일마다 던지는 게 일반적입니다. 그러기에 내가 좋아하는 투수를 보려면 5일을 기다려야 합니다. 오타니는 투수와 타자로 매일 볼 수 있습니다. 160킬로미터 넘는 강속구와 홈런을 팡팡 치고, 2루와 3루도 193센티미터의 큰 키로 성큼성큼 도루도 잘

합니다.

오타니는 야구만 잘하는 게 아닙니다. 어릴 적부터 '야구교'라고 할 만큼 야구만을 위해 최선을 다하는 삶을 살고 있습니다. 마치 종교인의 수행처럼 야구만을 위해 노력하고 노력해 오고 있습니다.

야구의 신들의 찬사와 보호를 온통 받고 있는 듯한, 외계인 같은 오타니는 2024년 고교 시절 꿈이었던 월드시리즈에서 팀 우승에 기여하며 우승반지도 끼었습니다. 월드시리즈 우승반지는 실력만 있다고 되는 것은 아닙니다. 팀도 구성원도 감독도 코칭 스태프도 잘 만나야 30개 팀 중 1등을 하는 것입니다. 아직 한 번도 우승을 못한 팀도 있으니, 팀을 옮기자마자 우승한 오타니는 행운아일지도 모릅니다. 누구나 목표와 꿈을 가질 수 있지만, 정작 이루는 사람은 극소수일 겁니다.

31세 오타니는 기록 갱신의 길을 걸어가고 있습니다. 오타니의 아무도 가보지 않은 야구의 길을 함께 거든 우리는 행운의 시대를 살고 있는지도 모릅니다.

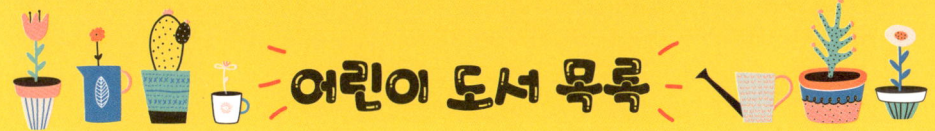

박지성의 열정, 도전, 전설이 된 축구 이야기
● 경기도학교도서관사서 추천도서 선정

도영인 지음 | 허한우 그림 | 크라운판 변형 | 164쪽 | 14,000원

불리한 신체조건을 극복하고 한국 축구 전설이 된 박지성 이야기. 태극전사 11년, 일본 교토상가FC, 네덜란드 PSV아인트호벤, 영국 맨체스터 유나이티드FC에서의 활약상을 만날 수 있어요.

강영우, 세상을 밝힌 한국 최초 맹인 박사

성지영 지음 | 이정헌 그림 | 신국판 변형 | 136쪽 | 12,000원

가족들을 차례로 하늘나라로 떠나보낸 소년. 이 소년은 설상가상으로 눈까지 멀고 맙니다. 하지만 이 소년은 한국 최초의 맹인 박사는 물론 백악관 공무원까지 되었답니다.

이세돌, 비금도 섬 소년 바둑 천재기사
● 한국어린이교육문화연구원 으뜸책 선정

조영경 지음 | 이정헌 그림 | 크라운판 변형 | 120쪽 | 13,000원

2016년 3월. 인공지능 컴퓨터 알파고(AlphaGo)와 이세돌의 바둑 대국에서 알파고는 4승 1패로 인간 이세돌을 이겼습니다. 이 책에서는 인간 이세돌의 값진 1승과 함께 과학의 발전 그리고 이세돌의 집념과 천재성을 만나볼 수 있습니다.

창의력 CEO 송승환의 멈추지 않는 상상력

송승환 지음 | 양민숙 그림 | 크라운판 변형 | 160쪽 | 13,000원

〈난타〉공연으로 세계적인 명성을 얻고, 평창올림픽 개폐회식 총감독까지 맡은 송승환의 창의력에 대한 이야기를 담고 있어요. 책벌레로 자란 어린 시절부터 배우와 공연연출가로 자신의 꿈을 이루어 간 이야기들을 들려줍니다.

스티브 잡스가 살아서 자동차를 만들었다면

■ 황연희 지음 | 허한우 그림 | 신국판 변형 | 164쪽 | 12,000원

애플, 매킨토시, 아이폰, 아이패드 등으로 21세기 문화생활을 획기적으로 변화시킨 위대한 혁신가 스티브 잡스의 모든 것을 알려줍니다. 뛰어난 혁신가의 이야기 속에서 어린이 여러분이 앞으로 무엇을 배워 나갈지 발견할 것입니다.

록펠러, 나눔을 실천한 최고의 부자

■ 엄광용 지음 | 김정진 그림 | 신국판 변형 | 152쪽 | 12,000원

석유 사업으로 세계 최고의 부자가 된 록펠러. 그러나 갑자기 시한부 생명을 선고받은 그를 구원해 준 것은 이웃에 대한 사랑, 나눔의 실천이었습니다. 록펠러 아저씨가 남긴 유산은 지금도 좋은 일에 사용된답니다.

법정스님의 무소유 이야기

■ 조영경 지음 | 최주아 그림 | 신국판 변형 | 144쪽 | 14,000원

법정스님이 태어나서 열반에 이르는 순간까지를 그리면서, 법정스님이 남겨주신 교훈이 이야기로 재미있게 펼쳐져 있습니다. 어린이뿐만 아니라 어른에게도 필요한 무소유의 가르침을 만날 수 있습니다.

박영석, 세계의 지붕이 된 산사나이

■ 이영준 지음 | 임하라 그림 | 신국판 변형 | 144쪽 | 12,000원

남극과 북극 그리고 지구에서 가장 높은 산까지. 인간의 손이 닿지 않은 어떠한 곳도 두 발로 걸어간 박영석 탐험대장 이야기가 어린이들의 용기와 모험심을 키워줍니다.

메시, 마지막 월드컵에서 라스트 댄스를 완성하다

채빈·황연희 지음 | 이정헌·인아워 그림 | 크라운판 변형 | 176쪽 | 15,000원

축구 천재에서 축구 왕국 신전에 들어선 리오넬 메시의 축구 이야기입니다. 축구가 좋아서 고통을 견딘 메시의 열정과 최정상의 선수가 되기까지의 꺾이지 않는 마음과 노력을 담고 있습니다.

박찬호의 노력, 끈기, 전설이 된 야구 이야기

임진국 지음 | 허한우 그림 | 크라운판 변형 | 180쪽 | 15,000원

박찬호 선수는 메이저리거가 단 한 명도 없던 대한민국에서 최초로 미국 야구장에 우뚝 서겠다는 꿈을 꾸었습니다. 여러분도 무엇인가를 이루고 싶다면, 박찬호 선수처럼 긍정적으로 믿고 노력하세요.

박태환, 0.01초에 승부를 거는 희망의 마린보이

임진국 지음 | 이정헌 그림 | 크라운판 변형 | 152쪽 | 14,000원

세계에서 출발이 가장 빠른 선수 박태환. 그 박태환 선수도 올림픽에서 부정출발로 탈락하는 아픔을 겪었습니다. 움츠러들게 하는 약점과 큰 좌절을 극복하고 올림픽 챔피언이 되기까지의 성장 이야기가 고스란히 담겨 있습니다.

이승엽, 기록의 사나이 한국 야구의 전설이 되다

● 한국어린이교육문화연구원 으뜸책 선정

임진국 지음 | 허한우 그림 | 신국판 변형 | 152쪽 | 14,000원

야구를 좋아하던 장난꾸러기 어린이가 어떻게 아시아 최고의 홈런왕이 되었을까요? 그 비결은 바로 노력입니다. 노력은 결코 배신하지 않는다고 말하는 이승엽 선수의 모습은 어린이들에게 큰 감동을 줄 것입니다.

최경주, 그린 위의 챔피언이 된 완도 섬 소년

| 유정원 지음 | 허한우 그림 | 신국판 변형 | 132쪽 | 12,000원

골프장이 커다란 닭장인 줄 알았던 한 소년이 자라나서 세계 최고의 골프선수가 됩니다. 그 모든 것을 이룰 수 있었던 것은 자신과 가족에 대한 믿음이었습니다. 초심을 잃지 않은 최경주 선수의 이야기는 감동과 재미를 줄 것입니다.

116년 만의 올림픽 금메달을 딴 골프 여제 박인비

| 조영경 지음 | 이정헌 그림 | 크라운판 변형 | 120쪽 | 13,000원

박인비는 LPGA US 여자오픈 최연소 우승을 비롯해 LPGA 17승, 아시아인 최초로 LPGA 투어 커리어 그랜드 슬램까지 훌륭한 성적을 거두었지요. 그리고 최연소로 LPGA 투어 명예의 전당에 오르고 올림픽 금메달까지 땄어요.

박세리, 한국 골프의 전설 희망의 맨발 샷을 날리다

| 성호준 지음 | 이정헌 그림 | 크라운판 변형 | 160쪽 | 14,000원

IMF 시절 온 국민에게 희망을 안겨 준 투혼의 상징, LPGA 대회 25승, 세계 골프 명예의 전당 최연소 입성, 한국 골프의 전설이 된 박세리는 어떻게 대선수가 되었을까요? 이 책에서 그 이야기를 감동적으로 만나볼 수 있습니다.

중국을 움직이는 5개의 별

●한국어린이교육문화연구원 으뜸책 선정

| 추정남 지음 | 박승원 그림 | 크라운판 변형 | 160쪽 | 14,000원

현대의 중국을 만들어 온 다섯 명의 지도자 마오쩌둥, 덩샤오핑, 장쩌민, 후진타오, 시진핑을 만나 볼 수 있어요. 5명의 지도자들이 성장해 온 배경과 이야기를 알아가면서 오늘날의 중국을 이해할 수 있는 지혜를 얻을 수 있답니다.

쉿! 곰마를 구해줘요

● 동물사랑실천협회 추천도서 선정

고정욱 지음 | 전지은 그림 | 신국판 변형 | 120쪽 | 11,000원

4학년 철진이와 태수는 곰 농장에서 단란한 곰 가족을 발견합니다. 이 곰 가족을 지키기 위해 좌충우돌 감동의 모험이 펼쳐집니다. 동물에 대한 사랑과 어머니의 모정을 느껴보세요.

철가방을 든 천사

엄광용 지음 | 임하라 그림 | 신국판 변형 | 148쪽 | 11,000원

우리나라에 나눔의 씨앗을 뿌리고 하늘로 올라간 철가방 천사 김우수 아저씨의 이야기가 재미있는 창작동화로 나왔어요. 김우수 아저씨의 아름다운 이야기를 읽으며 모두 진정한 나눔을 배워봐요.

엄마 아빠가 읽었던 지혜 쑥쑥 이솝이야기

성지영 엮음 | 손명자 그림 | 크라운판 변형 | 156쪽 | 13,000원

〈토끼와 거북이〉에서는 누가 경주에 이겼을까요? 포도를 먹지 못한 여우가 등장하는 〈여우와 신 포도〉에는 어떤 교훈이 있을까요? 엄마 아빠가 어렸을 때 읽었던 이솝이야기를 통해 재미와 지혜를 만나 볼 수 있어요.

아름답고 지혜 가득한 이야기 왕국 안데르센 동화

최연희 엮음 | 손명자 그림 | 173×225mm | 186쪽 | 13,000원

안데르센 동화는 행복한 왕자와 공주들의 이야기에서부터 어려움을 당하거나, 가난한 사람들의 이야기까지 다양한 이야기가 들어 있어요. 엄마 아빠와 어린이들이 함께 이야기할 수도 있고, 상상력을 키워줄 수 있어요.

할머니가 엄마 아빠에게 들려주었던 전래동화

채빈 엮음 | 손명자 그림 | 173×225mm | 176쪽 | 13,000원

전래동화는 할아버지, 할머니 그 이전부터 입에서 입으로 전해져 내려온 이야기입니다. 〈송아지와 바꾼 무〉, 〈의좋은 형제〉, 〈짧아진 바지〉 등 교과서에 나오는 전래동화를 읽으며 온 가족이 이야기꽃을 피울 수 있습니다.

난 일기 쓰기가 정말 신나!
● 한국어린이교육문화연구원 으뜸책 선정

조영경 지음 | 이중복 그림 | 크라운판 변형 | 264쪽 | 15,000원

이 책은 일기 쓰기를 힘들고 어려워하는 어린이들에게 재미있고 신나게 일기를 쓰는 법을 알려줍니다. 네 명의 아이들이 겪은 여러 가지 이야기 뒤에 일기를 써넣어 일상의 경험이 어떻게 일기로 쓰이는지 쉽게 알 수 있습니다.

난 독서록 쓰기가 정말 신나!

조영경 지음 | 이중복 그림 | 크라운판 변형 | 188쪽 | 15,000원

책을 읽고 나서 느꼈던 감동과 생각을 재미있게 정리하는 방법들을 알려주는 책이에요. 줄거리 쓰기, 마인드맵 그리기, 말풍선으로 표현하기 등 다양한 표현을 통해 독서록을 써나갈 수 있어요.

난 논술 쓰기가 정말 신나!
● 한국어린이교육문화연구원 으뜸책 선정

조영경 지음 | 이중복 그림 | 크라운판 변형 | 240쪽 | 15,500원

논술이란 내 생각을 논리적으로 정리한 글이에요. 근거를 가지고 생각을 정리하면, 친구들이 내 생각을 알 수 있을 거예요. 서로 반대되는 생각을 가지고 있더라도 논술로 상대를 설득할 수 있어요. 이 책은 그 방법을 알려준답니다.

전 세계 엄마 아빠가 읽어주는
지혜 쑥쑥 탈무드

김미정 엮음 | 김서희 · 허한우 그림 | 신국판 변형 | 184쪽 | 14,000원

유태인의 5천 년 지혜를 모아 놓은 거대한 서적 탈무드를 어린이들이 쉽고 재미있게 만나볼 수 있도록 엮었어요. 12,000쪽의 탈무드 중에서 최고의 정수만 골라 7종류 45가지 이야기로 엮은 지혜의 책이랍니다.

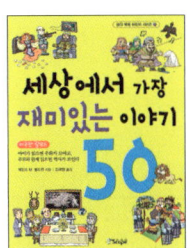

세상에서 가장 재미있는 이야기 50
● 미국판 탈무드 도서

제임스 M. 볼드윈 지음 | 신국판 변형 | 208쪽 | 9,500원

미국 교과서를 만든 볼드윈 선생님이 인류의 역사 속에 등장하는 가장 재미있는 이야기 50개를 모아놓은 책. 오랜 시간 동안 사람들의 가슴을 울리고 웃긴, 마법 같은 힘을 가지고 있는 재미있는 글모음입니다.

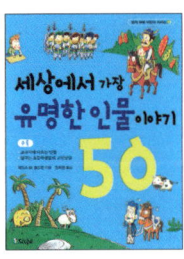

세상에서 가장 유명한
인물이야기 50

제임스 M. 볼드윈 지음 | 신국판 변형 | 216쪽 | 9,500원

진짜 꽃을 찾아낸 솔로몬 왕, 선원의 꿈을 포기한 조지 워싱턴, 키 작은 이야기꾼 이솝, 시를 처음 써보는 롱펠로, 페달 보트를 발명한 로버트, 아기 새를 구해준 에이브러햄 링컨. 흥미진진하고 지혜로운 이야기들이 들어 있어요.

괴짜 화가 달리와 함께하는
아주 쉬운 미술사

은하수 · 이경현 지음 | 이정헌 그림 | 신국판 변형 | 240쪽 | 14,000원

인류는 아주 먼 옛날 처음 지구 위에 등장하던 때부터 미술활동을 해왔다고 할 수 있어요. 미술사는 사람들의 생각과 미술활동이 어떻게 변해왔는지를 살펴보는 분야예요. 이 책은 미술사 공부를 아주 쉽게 할 수 있게 도와준답니다.

닐 암스트롱, 인류 최초로 달에 착륙한 우주비행사

조은재 지음 | 이정헌 그림 | 크라운판 변형 | 152쪽 | 14,000원

인류 최초로 달에 착륙한 우주비행사이자 평생을 겸손하게 살아온 닐 암스트롱 이야기. "한 인간에게는 작은 발걸음이지만 인류에게는 위대한 도약이다"라는 그의 말처럼, 암스트롱의 업적은 우주를 향한 위대한 도약이랍니다.

외규장각 의궤의 귀환 문화영웅 박병선

● 경기도학교도서관사서 추천도서 선정

조은재 지음 | 김윤정 그림 | 크라운판 변형 | 152쪽

이 책은 《직지심체요절》이 구텐베르크의 《42행 성서》보다 78년이나 앞선, 세계에서 가장 오래된 금속활자 인쇄본임을 밝히고 외규장각 의궤 297권을 찾아 대한민국에 반환하는 데 혁혁한 공을 세운 박병선 박사의 이야기입니다.

우리 신부님, 쫄리 신부님

● 한국어린이교육문화연구원 으뜸책 선정

채빈 지음 | 김윤정 그림 | 크라운판 변형 | 136쪽 | 14,000원

가장 가난하고 슬픈 마을인 '톤즈'에 찾아가 자신의 모든 것을 바쳐 나눔을 실천한 이태석 신부님의 이야기입니다. 모두가 외면한 그들에게 신부님은 친구가 되어주었고 이제 영원히 그들의 가슴속에 남았습니다.

마더 테레사, 가난한 사람들의 어머니

조영경 지음 | 임하라 그림 | 크라운판 변형 | 132쪽 | 15,000원

2021년은 테레사 수녀 탄생 111주년입니다. 이 책은 하나님의 몽당연필의 쓰임새로 불린 테레사 수녀님의 이야기입니다. 수녀님이 우리에게 남긴 희망과 공존의 가르침을 아기자기한 일러스트와 함께 전하고 있습니다.